保護者と「ぶつからない」「味方をつくる」対応術!

城ヶ﨑滋雄 [著]
Jougasaki Shigeo

学陽書房

まえがき

　最近、若い教師の方から「保護者がこわい」との悩みをよく相談されるようになりました。
　たしかに保護者のほうが年上のことも多く、また、昔よりも保護者や地域から学校にさまざまな要望が出されるようになり、若い教師の方にとっては戸惑う状況も増えていると思います。

　そこで、本書では、こうした若い教師の方たちの悩みに応え、保護者とうまく関係をつくる方法、クレームを生まない、むしろ保護者を味方にする方法をまとめました。

　保護者との関係づくりは、実はそれほど難しいことではありません。ほんの一言、ほんの一手間かけるだけで、保護者の反応がまったく変わることはよくあります。
　以前は、そうした細かいことをベテラン教師が雑談をしながら若い教師に伝えることのできる時間が職場にありました。しかし、いまはベテランの人数も少なく、そんな時間もなく、誰もが忙殺されているような職場が増えています。
　本書では、なかなか相談の機会を得られない若い教師の方に向けて、具体的にどんな一言、どんな一手間で、保護者の反応が温かいものに変わるのかをわかりやすくまとめました。

　本書の方法を使えば、保護者との関係はがらりと変わります。
　保護者は先生の敵ではなく、味方になってくれます。
　保護者は足を引っ張る存在ではなく、応援団になってくれます。

保護者は先生を否定する存在ではなく、理解者になってくれます。

　先生は保護者と対等だと思っていますが、保護者は実はそうではありません。先生に気を遣っています。だからこそ、先生の側がほんの少し保護者の立場や子育ての苦労を思いやることで、驚くほど保護者の態度がやわらかいものになることがあるのです。
　本書ではその実例をわかりやすくまとめました。多くの教師の方達に役立つものになることを願っています。

　2016年3月

　　　　　　　　　　　　　　　　　　　　　　　　城ヶ﨑 滋雄

もくじ◎保護者と「ぶつからない」「味方をつくる」対応術!

まえがき……………………………………………………………2

第1章 保護者の気持ちと、保護者の求める先生の対応とは？

- ❶学校では保護者は緊張している……………………… 10
- ❷保護者からは先生に声をかけづらいもの…………… 12
- ❸子育てのがんばりをほめてほしい…………………… 14
- ❹ほかの保護者と比べないでほしい…………………… 16
- ❺すぐには学校へ駆けつけられないのです…………… 18
- ❻欠席しても安心できる先生の対応…………………… 20
- ❼子育ての一助としての学級通信……………………… 22
- ❽礼を尽くした連絡帳の回答のしかた………………… 24
- ❾けがをしたら、下校前に連絡する…………………… 26
- ❿保護者への「お願い」は最善を尽くしてから……… 28
- ⓫控えめな要求でも気づいてもらいたい……………… 30
- ⓬集金、小銭しかなくてごめんなさい………………… 32
- ⓭気軽に請け負ってくれるとうれしい………………… 34

COLUMN 保護者の気持ちを理解する…❶
かけた電話。名乗る前に、「城ヶ﨑先生ですね」……… 36

第2章 個人面談・懇談会で保護者とうまく付き合う

- ❶ 保護者が笑顔で帰れる個人面談 ……… 38
- ❷ 保護者が満足する面談の時間は80分 ……… 40
- ❸ 解決よりもしっかりと悩む過程が大事 ……… 42
- ❹ 面談の時間は厳守 ……… 44
- ❺ 面談は子どものよさを保護者に知ってもらう場 ……… 46
- ❻ 対応策と成果を伝えて課題を提示する ……… 48
- ❼ 小グループにすると懇談会が盛り上がる ……… 50
- ❽ 個人面談は保護者の知らないわが子のよさを伝える場 ……… 52
- ❾ 保護者に子育ての素晴らしさを思い出してもらう ……… 54
- ❿ 参観中の保護者の私語が気になる ……… 56
- ⓫ 保護者が思いつかないような考え方を示す ……… 58
- ⓬ 保護者のマイナス言葉をプラス評価に置き換える ……… 60
- ⓭ ほかの家庭の子育てが参考になる懇談会 ……… 62
- ⓮ 子どもの生の声が伝わる懇談会に ……… 64
- ⓯ 保護者の愚痴は「成功」の裏返し ……… 66

COLUMN 保護者の気持ちを理解する…❷
大人でもほめてもらうとうれしい気分 ……… 68

第3章 保護者からのクレームにはこう対応する

- ❶ 話を聞き終えるまで、口をはさまない ……… 70
- ❷ 早くその場を切り抜けようとして、すぐに謝らない ……… 72
- ❸ 言い訳言葉を封印する ……… 74
- ❹ 同意したとみなされる言葉を使わない ……… 76
- ❺ うかつに「責任を持つ」と約束しない ……… 78
- ❻ クレームの解決には提案を添える ……… 80
- ❼ 味方になってくれる保護者は必ずいる ……… 82
- ❽ こじれそうなクレームにはチームで対応する ……… 84
- ❾ 管理職に報告する前にメモを取る ……… 86
- ❿ シミュレーションをしてから対応する ……… 88
- ⓫ 「窮鼠猫を噛む」にさせないために逃げ道をつくっておく ……… 90
- ⓬ クレームに対応する前に情報を集めておく ……… 92
- ⓭ 問い合わせやクレームは新たな発見、「改善」のチャンス ……… 94
- ⓮ 得心基準を上回る対応をする ……… 96
- ⓯ 電話でのクレームは椅子に腰掛けて対応する ……… 98

COLUMN　保護者の気持ちを理解する…❸
放課後、子どもが忘れた上履きを洗う ……… 100

第4章 わが子にとってこんな先生でいてほしい

- ❶先生には時間を守ってほしい……………………………102
- ❷先生には子ども心を理解してほしい……………………104
- ❸先生にはわが子を温かく見守ってほしい………………106
- ❹いじめが起こらないでほしい……………………………108
- ❺友だちと仲良く過ごしてほしい…………………………110
- ❻先生には特定の子だけを贔屓しないでほしい…………112
- ❼学校での学習の様子が見えるようにしてほしい………114
- ❽できればテストでは満点を取らせてほしい……………116
- ❾先生にはマナー、ルールを教えてほしい………………118
- ❿「すごいんだよ」と子どもが自慢できる先生…………120
- ⓫普段優しいから、叱られても受け入れられる…………122

COLUMN　保護者の気持ちを理解する…❹
本当は保護者もほめてもらいたいと思っている………124

あとがき……………………………………………………………126

第1章 保護者の気持ちと、保護者の求める先生の対応とは？

保護者は先生と話をしたがっていますが、なかなかきっかけがつかめません。何か理由がないと先生には話しかけづらいものです。
それなら、先生のほうから保護者のもとに足を運び、意思の疎通を図りましょう。

① 学校では保護者は緊張している

学校はわが子の教育を委ねている場です。それだけに、保護者は学校に行くことに何となく遠慮があり、気後れしてしまいます。

◆保護者は学校に行くのに気後れするもの

　私も他校を訪問することがありますが、正門に立った時から、何となく緊張します。閉められていた正門の門扉をガラガラと開けた時から重たい気分になり、気後れしながら歩を進めて、職員玄関の扉を開け、閉めてある事務室のガラス窓をノックします。

　受付の役割を兼ねている事務室に用件を伝え、職員室に案内してもらいます。

　職員室のドアが開くと、仕事をしていた先生方が顔を上げてドアのほうに注目し、視線を浴びることになります。この瞬間はドキッとします。

　このように、同業者である私でさえも他校を訪問するのに気後れするもの。ましてや、わが子を預けている保護者となればなおさらでしょう。

◆担任が迎えに行く、そばにいれば安心

　保護者が担任に用事があって来校する時、来校時間が事前にわかっているのであれば、担任は職員玄関で保護者を迎えるようにしましょう。そうすれば、保護者は事務室や職員室に顔を出さなくて済みます。面識のない先生と会話をするのは気が引けますが、担任が

職員玄関で迎えることによって、その負担を取り除くことができるのです。

その後は、並んで教室へ向かいます。この時、担任は保護者の少し前を歩くようにしましょう。そうすると、担任が先導する格好になり、保護者は「ついていけばいい」と気が楽になります。

また、ほかの先生の視線を担任に受けてもらえるので、「私は○○先生に用事があって来たのですよ」と示すことができます。担任に守られていると安心しながら廊下を歩けます。

教室で用事を済ませ、保護者が帰る時間になったら、担任は教室ではなく、保護者の外履きが置いてある職員玄関まで一緒に歩き、見送りましょう。その時も担任が先導するように歩きます。

保護者が校舎内にいる間は一人だけにならないように配慮しましょう。慣れない場所に一人でいると心細く、不安になりますが、誰かそばにいてくれると安心できます。

保護者にとって、学校では担任だけが頼りです。

プラス ワンポイント！

用事が終わると保護者は心が軽くなります。見送るために廊下を並んで歩いている間の会話もリラックスでき、本音を聞けます。これが保護者との信頼関係を深める時間となります。

❷ 保護者からは先生に声をかけづらいもの

保護者は校内で先生を見かけても、自分からは声をかけられないものです。会釈をするのが精いっぱいです。

◆保護者にとって学校はアウェー

　PTAの会合などで来校した保護者がいた時、どんなふうに対応していますか？　保護者とすれ違う時に軽く会釈している程度、という人が多いと思います。

　保護者にとって学校は慣れない場、アウェーです。一方、先生は自分の職場ですから、ホームです。

　保護者と先生、どちらのほうが気分的に楽でしょうか。それはもちろん、先生です。ならば、気分的に余裕があるほうから声をかけてあげるようにしてみてはいかがでしょうか。

◆担任から先に話しかける

　では、どのように声をかけたらよいでしょうか。「何か用事があるのですか？」では、保護者は用事があるから来校したので、返事に困ってしまいます。

　また、返答が「YES・NO」の二者択一に絞られる"クローズド・クエスチョン"なので、その後の会話が成立しにくくなります。

　たとえば、「PTAの会議ですか。ありがとうございます。よくお仕事の都合をつけられましたね」などと声をかけてみます。すると、「いえいえ、事前にPTA会議の日程がわかっていたので、上司に休

むことを前もってお願いできました」と返事が返ってきます。

このように相手が自由に回答できる"オープン・クエスチョン"なら話が広がり、会話が成立しやすくなります。

また、「荷物がいっぱいですね。重かったでしょう」と保護者の様子を話題にすると、「そうなんです。これから○○へ行くので荷物が多いのです」と答えます。自分が気になっていることを聞かれると、人は「よくぞ聞いてくれました。実は……」と話をしたくなるものです。

別れ際に、「会議が終わったら、教室に寄ってお子さんに顔を見せてあげてください。喜びますよ。授業中でも構いませんから」と告げます。思いがけない担任の言葉に保護者は「学校にいる」という緊張が解けていきます。

そうはいっても、控えめに廊下から教室の中をうかがう保護者がほとんどです。保護者が教室を訪れたら、先生は速やかに保護者のもとに行き、教室の中に案内してあげるといいでしょう。

➕ プラス ワンポイント！

教室を後にした保護者に「プラスワンポイント」の声かけをします。それには連絡帳を使います。子どもが喜んでいたことを伝え、次回の来校時にも、教室に寄ってほしい旨を書きます。

❸ 子育てのがんばりを ほめてほしい

わが子が問題を起こすと、保護者は「子育てが間違っているのではないか」と自責の念にかられがちです。

◆子どもは自分を守るために嘘をつく

　放課後、部活動の練習を終えた子どもたちが帰宅している途中、徐行していた車のボディーを触ったそうです。翌朝、車の持ち主から電話があり、誰が触ったのかを確認することになりました。

　私は彼らを集め、「車のボディーを触りましたか」と事実確認をしました。

　多くの場合、子どもは叱られたくないので、正直に名乗り出ないものです。人は自分の身を守るために嘘をつきます。子どもならばなおさらです。

　仮に認めても、「○○君もやっていた」「○○君が『やれ』と言った」と言い逃れをするものです。

　私も「おそらく誰も名乗り出ないだろう」と思っていました。

　ところが、A君が素直に触ったことを認めたのです。

◆安心・安定した環境だから素直さを身に付けられる

　放課後、私はA君宅に電話をして、経過を伝えました。保護者は事の重大さに驚き、「育て方が悪かったのでしょうか」とおっしゃいました。落胆されている様子が電話からも伝わってきます。

私は話題を変え、Ａ君が素直に名乗り出たことを伝えました。保護者は、「正直に名乗り出るのは当たり前」と思っているので、私がＡ君の行為を評価しても、まだ落胆しています。
　そこで、「子どもは育てたように育ちます。素直に自分のやったことを認められるのは、これまでの子育てが間違っていなかったという証拠ですよ」と子育てがうまくいっていることを伝えました。
　すると、「子どもがしたことは悪いのです。そんな子どもなのによいところを見つけ、教えてくださりありがとうございます」と救われた気分になったようです。
　「安心・安定した環境で育った子どもは素直さを身に付けることができます。Ａ君がまさにそうで、素晴らしい育て方をなさっていますね」と付け加えると、声が少し明るくなってきました。最終的には安堵されて、「今回のことではご迷惑をおかけしますが、今後ともよろしくおねがいします」と丁寧な言葉をいただきました。

プラス　ワンポイント！

　子どもはトラブルを起こすものです。保護者はそうした時は動揺し、落胆します。そういう時、保護者の子育てのよい部分を認めると、その後、保護者は心強い味方になってくれます！

④ ほかの保護者と比べないでほしい

先生の期待通りに対応してくれる保護者もいれば、なかなか理解してもらえない保護者もいます。「事実が現実」と先生は割り切りましょう。

◆ほかの保護者はちゃんとやってくれているのに……

　帰りの会で私は子どもたちが連絡事項をきちんと書けているか確認するため、連絡帳を提出させ、合格なら確認印を押して子どもにすぐ返します。

　保護者には連絡帳に目を通したら、「見ました」という押印をしてもらうことにしています。

　翌朝、登校すると子どもたちは連絡帳を教卓に提出することになっています。保護者の押印がある連絡帳に「青丸」を付けます。こうすると、子どもが連絡帳を下校後に保護者に見せたかがわかります。

　青丸を付けていると、保護者の押印がない連絡帳があります。「保護者は見たのかな。ちゃんと押印してくれたらいいのに」とつい思いがちですが、保護者が期待通りに対応してくれない場合には、「ほかの保護者はしてくれているのに」と不満を持つのではなく、むしろ自分のお願いのしかたが行き届いていないのだと考え、自分の対応を変えてみましょう。

◆返事を書きたくなる質問を書く

　どうしたら、押印をしてくれるのでしょうか。単刀直入に「押印

をお願いします」と書いても、それを目にした保護者はあまりいい気持ちはしないでしょう。

　そこで、子どものよいところを見つけ、質問するようにします。たとえば、「いつもハンカチを携帯しています。どうやって習慣化されたのですか？」と連絡帳に書きます。

　すると、翌日の連絡帳には、家庭での取り組みが書かれています。それに対して、担任は、「お忙しい中、教えてくださりありがとうございます。さっそく、子どもたちに話をしました。また、学級通信に『こうすればハンカチの携帯が習慣化できる』というタイトルで紹介させていただきます。日ごろ、連絡帳に目を通してくださりありがとうございます。押印での『確認』もいいですが、このようなコメントでの『確認』をいただくと、勉強になります。ありがとうございます」と回答します。

　「押印」という字をさりげなく入れることで、保護者は確認の押印を求められていることに気づきます。

　少し回り道のように感じられるかもしれませんが、ついほかの保護者と比べてある保護者を非難したくなった時こそ、このぐらい慎重に相手に受け入れられやすい伝え方を考えましょう。

　教師の不満な気持ちは驚くほどストレートに相手に伝わってしまうものです。保護者に不満を持った時ほど、慎重な対応を心がけないとトラブルのもとになります。

➕ プラス ワンポイント！

やってほしいことをしてくれている時こそ、「いつも連絡帳に目を通してくださり、押印をありがとうございます」と保護者に感謝の気持ちを伝えます。

❺ すぐには学校へ駆けつけられないのです

早退の連絡をしたのですが、保護者はすぐに迎えに行けないと言います。子どもの具合が悪くなる時に限って都合がつかないものです。

◆どうしてすぐに迎えに来ないのだろう！

　子どもが発熱した時、先生が保護者に早退する旨の電話をかけても、なかなか通じないことがあります。ようやく連絡がついても、「今は時間が取れないので、すぐに迎えに行けない」と言われることもあります。

　子どもの体温が徐々に上がり辛そうな様子だと、一刻も早く病院に行ったほうがいいと焦るあまり「都合がつき次第、お迎えをお願いします！」とつい強い口調になってしまうこともあるでしょう。

　しかし、保護者はすぐには学校に駆けつけられないものだ、とあらかじめ覚悟しておきましょう。そう思って対応すれば、保護者に対して非難がましい態度を取ってしまうことを防げます。

◆一番心配しているのはすぐに駆けつけられない保護者

　保護者は一刻も早くわが子の顔を見たいはずです。

　しかし、仕事や遠出等々、すぐに駆けつけられない事情があります。仕事中なら、同僚に仕事を交代してもらうために段取りをつけなければなりません。遠出なら、途中で予定を変更して、戻ってくることになります。

すぐに迎えに行けないことで、わが子に申し訳ないと思っています。また、「先生は『冷たい親だ』と思っているだろう」と自分を責めています。

　そこで、担任は、「わかりました。安心してください。私は学校では親代わりですから。お母さんが迎えにいらっしゃるまで、しっかりと面倒をみます」と保護者が安心できるような声かけをします。

　最後に、「慌てないで、気をつけて迎えに来てください」と言葉を添えて電話を切りましょう。

　迎えに来た保護者に「心配でしかたがなかったでしょう」と心境を察する言葉をかけます。また、「予定を変更するのは大変だったでしょう」と保護者が奔走してくれたことに敬意を表します。

　このように対応すると、保護者のほうは心底ありがたく感じるものです。子どもが大変な時ほど、保護者の気持ちのケアを考えましょう。

プラス ワンポイント！

　迎えを待っていた時は気丈に振る舞っていた子どもですが、保護者の顔を見た途端に安心した顔になったことを伝えます。子どもにとって、保護者が「一番の薬」だということを伝えることができます。

⑥ 欠席しても安心できる先生の対応

欠席したことがきっかけでわが子の長所を知ることができたら、欠席の不安が吹き飛び、翌日の登校が楽しみになります。

◆事務的なお手紙では「薬」にならない

　子どもが欠席すると、私はその日の放課後にお見舞いの電話をかけます。病気やけがで欠席した場合は容態を聞き、早く回復することを祈っていることを伝えます。

　また、事故欠や忌引の場合は、プリントや連絡事項を封筒に入れて、子どもの家の郵便ポストに投函します。

　どちらも、今後の予定を知らせているので、翌日以降の登校の不安は解消されます。

　また、できることなら、欠席した子どもに「よし、明日は学校へいくぞ」「友だちに会いたい」と強く思わせたいので、もう一工夫するようにしています。

◆宿題は「安静」

　病気で欠席した子どもには、「連絡プリント」を渡します。そこには、明日の予定と連絡事項など登校した子どもの連絡帳と同じ内容を書きます。もちろん、宿題も書きます。ただし、特別な宿題です。

　「今日の宿題は『安静にすること』です。勉強のことを忘れてしっかりと病気を治してください。今日の宿題は、『宿題をしないこと』

です」

　と書きます。具合が悪くて欠席するのですから、勉強ができる体調ではありません。

　特別な「宿題」を目にした保護者はわが子の体調を気遣い、細かいところまで配慮してくれる担任に感謝と信頼を寄せることになるでしょう。

　また、友だちの、「Ａちゃんのチームは体育のリレーで２位だったよ。Ａちゃんがいたら１位になれたのに残念。早く元気になって一緒にリレーをやろう」というメッセージを添えます。欠席したことでその子の存在感の大きさを知った友だちが、明日の登校を心待ちにしていることを伝えるメッセージです。

　親子にとって、「みんなが待っていてくれる」「先生は無理をしなくてもいいと心配してくれている」というメッセージは明日の登校への励みとなるでしょう。

➕ プラス ワンポイント!

「今日は『Ａちゃんがいたらすぐに発表してくれるのになあ』と空いているＡちゃんの席を思わず見てしまいました」と先生も欠席した子どもの普段のがんばりを書いて伝えます。

❼ 子育ての一助としての学級通信

学級通信に「子どもとのやり取りの意図」を書き、「家庭に置き換えるとどうなるか」を書けば、子育てに役立つ情報となります。

◆無難な内容は筆も進まないが、保護者の心にも残らない

　保護者への学年便り・学級通信では、初めに挨拶の文章を書くのが一般的ですが、「〇〇をしました」という報告や文例集から引用したような当たり障りのない話題は、保護者の関心を引かず、読み飛ばされるようです。

　また、クラスの出来事を羅列してあるだけでは、保護者も一読して終わりです。

　では、保護者に目を留めてもらえる学年便り・学級通信にするにはどうすればよいでしょうか。

　それには保護者が自分を振り返るきっかけとなるようなこと、子育てに役立つようなことが書いてあるとよいと思います。

◆子育ての一助となるように書く

　かつて担任したクラスの保護者と久しぶりに会いました。しばし立ち話をしていたところ、学級通信の話になりました。当時は学級通信が楽しみで、仕事から帰って時間がない時は、翌朝の通勤の電車の中で読んでいたそうです。そして、今でも学級通信を保管しているというのです。

驚きとうれしさを覚えながら、「どうして保管されているのですか？」と尋ねました。即座に、「子育てに役立つからです」と返ってきました。

　「『先生』を『親』に置き換えて読んでいると、『こうすれば子どもが素直になるんだ』と勉強になりました」と話してくれました。

　ある時の学級通信に、課題が早く終わった子どもに、「君の考え方は素晴らしい。これをクラスに広めてくれるとうれしいなあ。困っている友だちに教えてくれるかな？」と頼んだことを書きました。

　その号のまとめとして、「人は認められることで自信を持てるようになります。自信を持てると、自尊感情が高まるので、周りの人も大事にしようとします。このことは、きょうだい関係にもいえますね。年長の子どもを大事にすると、年少の子どもに対して優しくなり、仲のよいきょうだい関係を築けます」と学校での出来事を家庭に置き換えて書きました。

　真剣に子育てをしている保護者は、学級通信の内容を家庭に置き換えて読んでくれます。無意識のうちに子育てに活用しようとするのです。学校教育も家庭での子育ても、同じ子どもと接しているのですから、お互いに参考になることは多いのです。

プラス ワンポイント！

　学級通信を毎日出せればいいのですが、それが無理なら定期的に発行することが大事です。子どもが見せ忘れても、保護者が「今日は学級通信の日でしょう？」と聞くことができるからです。

⑧ 礼を尽くした連絡帳の回答のしかた

連絡帳の「返事」をどのように書けばいいのか迷うことがありますが、定番化しておけば筆がスラスラと動きます。

◆急いで、簡単に返事を書かない

　連絡帳に保護者からの手紙がありました。「おはようございます。いつもお世話になっております」と丁寧な書き出しです。
　こういう場合は、相手に合わせて丁寧な書き出しにしましょう。いきなり用件を書いては、マナーに欠けます。保護者は挨拶文を書いているのですから、先生も失礼のないように挨拶文を書くべきです。
　また、赤字で返事を書く先生がいますが、これはいただけません。世間では「赤」で文字を書きません。子どもに返事を書くようなつもりで保護者に回答してはいけないのです。

◆文章で「謙っている」ということを伝える

　私は、一読したら、どんな内容でも、「拝読しました」と書いてから回答するようにしています。その後に、うれしい内容なら、「ありがとうございます」と感激した気持ちを伝えます。行き届かなかった内容なら、「申し訳ございません」と真摯に謝ります。
　筆記具は万年筆です。ボールペンでもいいのですが、万年筆のほうが丁寧な感じがします。
　大方の保護者は黒字で書いてきます。そこで、先生は黒以外のイ

ンクにします。色を変えることによって、どちらが保護者の文面でどちらが先生の回答なのかが一目瞭然となるからです。

　ご参考までに、私はブルー・ブラックを使っています。ブルーは鮮やかすぎますし、黒では保護者の「黒」と同じになります。ブルー・ブラックならさりげなく保護者の文面との違いを出せます。

　回答は、保護者の文面よりも5文字程度下げて書きます。へりくだっていることを伝えるだけでなく、回答がどこからどこまでなのかが「段差」でわかります。

　そして、「保護者の行数よりも多く回答」するように心がけています。わずか数行の返事では誠意が伝わりません。保護者よりも一行でも多く書くことで、真摯に回答したことが伝わってほしいからです。

プラス ワンポイント！

保護者は手書きです。コミュニケーションの基本は相手に合わせることなので、先生の回答も手書きにします。パソコンのほうが書き直せて便利ですが、相手に合わせることで誠意を表わせます。

⑨ けがをしたら、下校前に連絡する

元気な姿で登校した子どもが包帯を巻いて帰宅したら、保護者はびっくりします。こうした事態には、事前の連絡が肝心となります。

◆先生の判断と保護者の思いは違う

　学校で子どもがけがをして、何の連絡もなかったら保護者はどう思うでしょうか。学校への不信感を募らせるのではないでしょうか。

　放課後、若い先生に保護者から電話がありました。「子どもが顔（唇）にけがをしているのだが、どうしてそうなったのですか？」という先生への不信感からの問い合わせでした。

　若い先生が言うには、体育の時間に転んで唇を擦ったが、養護教諭は病院に行くほどではないと言い、子どもも「大丈夫」と言うので、大事には至らないと判断し、連絡帳にも書かず、電話もしなかったとのこと。

　元気に登校したわが子が顔にけがをして帰宅したのですから、保護者が驚き、先生の配慮のない対応に不信感を持つのは当然です。

◆すぐに知らせて安心してもらい、帰宅後にも電話をする

　どうして保護者は苦情の電話をかけてきたのでしょう。この先生は傷の程度は軽いから大丈夫だと思ったのかもしれませんが、首から上のけがだったので、保護者は「大事な顔にけがをした」という感情が先立ったのです。

では、先生はどうすればよかったのでしょうか。それは電話を2回かければよかったのです。
　1回目はけがの処置をした直後に、その状況を知らせます。「唇に擦り傷はあるが、顔に傷はなく、歯もグラグラしていない。病院に行く必要はない」という養護教諭の見立てを伝えます。養護教諭の言葉なので、保護者は安心します。また、けがをした子どもが元気になったことを伝えます。保護者はけがの程度とわが子の心の回復に安心します。
　2回目は放課後です。事前に連絡を受けていたので、びっくりすることなくわが子を迎えられるはずです。そして、「すぐに転ぶのですよ。けがのことでご迷惑をおかけしました。すみません」とおっしゃるのではないでしょうか。
　ここまでけがのことを重視した対応を取ると、保護者はかえって傷の小ささにほっとするものです。
　けがに対する保護者の感じ方は千差万別です。先生が「大したことのないけがだ」と思っても、保護者もそう思うかどうかはわからないのです。小さなけがでも慎重な対応を心がけましょう。

プラス ワンポイント！

連絡は電話が基本です。連絡帳で知らせる方法もありますが、保護者がそれを見るのは、わが子のけがを目にした後です。電話なら不在でも着信が残り、折り返しの電話をもらえます。

⑩ 保護者への「お願い」は最善を尽くしてから

「ご理解とご協力をお願いします」とは、「異論を唱えず、黙って言う通りにしなさい」という意味です。先生の保護者へのお願いは、常にそうなっていませんか。

◆必要な物をすぐにそろえるのは保護者の務めだと先生は思っている

　消しゴムや定規など、必要な物を持ってこない子に用意するように声をかけると、「失くしてしまった。（保護者は）週末になれば休みが取れるけれど、それまでは買いに行けない」と言われることがあります。

　こんなことを言われると、「授業に使う物がないのなら、すぐに対処するのが保護者の務めだ。コンビニだって24時間開いているんだから週末なんて呑気なことを言っていないで、すぐに用意すべきだ」と、多くの先生はついそう思ってしまうでしょう。

　それで、ついつい連絡帳に、「定規を持っていないので、用意してください」と書いてしまう、ということをしていませんか？

◆用意できるまで担任の物を貸し出す

　用意ができないのは子どものせいではありません。保護者の都合です。週末まで不便な思いをさせるのはかわいそうです。安心して授業を受けられるように、先生の文具を貸し出しましょう。

　連絡帳には次のように書きます。

　「○○を失くされたようですね。週末は休みが取れるそうなので、

その時に買ってもらえるということでした。それまで私の物をお使いください。そうすれば、授業中に困ることなく過ごせます。お子さんは『仕事で疲れて帰ってきた親には無理を言えない』と気遣っていました。親御さん思いのお子さんですね」。

　物の購入に関わることは、このぐらい、子どもの気持ちをおもんぱかった対応をするほうがよいものです。

　翌日、子どもの筆箱には新しい文具が入っていました。

　現在はさまざまな家庭環境の子どもがいます。昼も夜も仕事をかけもちしてようやく家計を支えているような大変な家庭もあります。

　「このぐらい保護者はやるのが普通」と決めつけずに、子どもが不便を感じないように、また、保護者が肩身の狭い思いをしないような配慮をし、その上でお願いをしていくことが必要です。

➕ プラス ワンポイント！

先生にとって当たり前のことでも、全ての保護者がその通りにできるわけではありません。子どもが困っていたら先生が何とかしてくれるという安心感は保護者にとって救いとなります。

⑪ 控えめな要求でも気づいてもらいたい

事実だけを指摘する控えめな要求は先生への気遣いです。その時点で先生は保護者の真意を汲み取りましょう。

◆控えめな要求は「クレームですよ」というサイン

　ある先生の話です。習字の台紙を掲示すると、「名前が違います」と子どもから言われました。「菊池」を、「菊地」と書き間違えていたのです。

　どちらも「きくち」と読め、前年度に担任した子どもが「菊地」だったので、先生には誤字の認識が全くありませんでした。

　先生は「わかった、わかった」と答えたのですが、「墨で書き直しか……」「高い場所だから脚立を持ってこなければ……」と後回しにしました。その日の放課後にやるつもりでしたが、会議が入り、いつしか先生の頭からそのことが忘れ去られてしまいました。

　数日後、保護者が来校する機会があり、「まだ名前が違ったままなのですね」とやんわりと笑いながら言われたそうです。

　先生は、「すいません。すぐに直します」と約束しましたが、保護者の柔らかな物言いが心にぐさりと突き刺さったそうです。

◆笑顔の奥の要望を斟酌し、即行動に移す

　親しい間柄であっても、要望を伝えるのは気が引けるものです。保護者と先生ならなおさらです。

　保護者は、困ったことがあったからといって、すぐに要望を伝え

るわけではありません。最初は、「こんなことは取るに足りないことかな」と気にしないようにしています。「こんなことを言ったら、クレーマー扱いされるのではないか」「わが子がしっぺ返しを食ったらかわいそうだなあ」と躊躇し、我慢しています。

　ですから、保護者が先生に物申すのはかなり勇気がいることなのです。先生は、「保護者は我慢の限界にきている」と深く受け止めなければなりません。

　それでも先生が気づかない時は、「○○してください」と具体的な手立てを要望してきます。「先生にしてほしい」は、言い換えると、「してほしいことをしてもらっていない。してほしくないことを先生はしている」という不満なのです。この段階では、保護者は「クレーマー扱いされても構わない」と強い意志を持ってわが子を守ろうとしています。

　こうなる前に先生は気づき、対応する必要があります。

➕ プラス ワンポイント！

　保護者は意を決しての願いが叶わないと悲しみ、失望してしまいます。実は、「お願い」は小さなクレームなのです。そのままにしておくと、大きなクレームに発展してしまいます。

⑫ 集金、小銭しかなくて ごめんなさい

集金の時、小銭で出されると、金額の確認に手間取り、重量もかさむので閉口しますが、その小銭には保護者の気持ちがこもっています。

◆集金は「大きなお金」が助かるけれど……

　校外学習のバス代や見学料を集金しました。合計で1800円です。集金のお願いの文書を配布した翌日、子どもたちは早速集金袋を持ってきます。

　文書にはできれば小銭ではなく、千円札を1枚、500円硬貨を1枚、100円硬貨を3枚でお願いしますと書きました。

　金額を確認するために、お金を集金袋の上に置き、子どもと一緒に数えます。1800円ですから、紙幣とそれぞれの硬貨ごとに並べると一目で金額が合っているかがわかります。

　しかし、実際はお願いした通りではなく、たくさんの小銭を入れてくる保護者もいました。

◆小銭は保護者との信頼を築く「貯蓄」

　「一銭を笑う者は一銭に泣く」ということわざがあります。どんな小さな金額でも金銭を粗末に扱ってはならないという意味や、貯蓄や倹約の大切さをいう時にも使われます。

　こうした集金の時の小銭もまさにそうです。小銭で出してきたことに不満を持ってはいけません。保護者は申し訳ないという思いを持ちながら、小銭を集金袋に入れたはずです。

先生が小銭で保護者を責めるようでは、信頼という「貯蓄」を増やすことはできません。

　私はこれを保護者との信頼づくりのチャンスと捉えました。

　私は連絡帳に、「期限内に集金ができました。ありがとうございます。お子さんから『小銭になってしまい先生に悪いことをした』と保護者の方が気遣ってくださっていたことを聞きました。何とか大きなお金にしたかったというそのお気持ちがうれしいです。ありがとうございます」と心遣いに感謝する手紙を書きました。

　翌日、保護者から、「とんでもないことでございます。期限ぎりぎりに小銭でご迷惑をおかけしたのに、温かいお言葉をいただき救われた気分です」と返事がありました。

プラス ワンポイント！

集金や提出物は持ってきてくれるから処理が進むのです。初日に持ってきてくれる保護者には「速やかな対応をありがとうございます」とお礼を連絡帳に書きます。

⑬ 気軽に請け負ってくれるとうれしい

二度手間になりそうなことを先生が快く引き受けてくれると、保護者は助かります。

◆融通が利かない対応は保護者の負担を重くする

　始業前、ある先生に電話がかかってきているという校内放送がありました。保護者からの電話で、クラスの子どもが「風邪をひいたので欠席する」という連絡でした。

　その先生は連絡を受けた後、電話を切ろうとしたのですが、「昨日から休んでいる兄も休ませようと思っているのですが、担任のA先生に電話を替わっていただけないでしょうか」と言われたので、保留にして校内放送でA先生を呼び出しました。

　しばらくすると教室から呼び出されたA先生が職員室に戻ってきて、欠席の電話を受けました。

　保護者は2人分の時間をかけて欠席の連絡をしたことになります。もし、その先生が兄の欠席も受け付けていれば、保護者は朝から時間を取られることはなかったでしょう。

◆「ついでですから」、気軽に引き受けると保護者は助かる

　先生が電話を替わらずに、「お兄ちゃんも昨日と同じ症状で欠席なのですね。それなら、私が伝言を承りましょうか」と保護者に尋ねれば、保護者は初めは躊躇していても、「では、よろしくお願い

します」と言うでしょう。

　職員室のA先生の机上に欠席のメモ書きを置いてもいいのですが、先生は一度教室に行くと、なかなか職員室に戻ってきません。ですから、こういう場合はその先生の教室に行って、欠席の連絡を伝言するとよいでしょう。

　もしその先生が教室にいなかったら、メモを黒板に貼り、教室にいた子どもに「〇〇君のうちから欠席の連絡があったんだ。ここにメモを貼っておくから、先生に伝えておいて」と声をかければよいのです。

　子ども2人が病気になってしまったら、保護者はその世話をしたり、病院に連れて行ったりなどで大変なはずです。そうした状況をおもんぱかって、手間を取らせないことを考えましょう。

プラス ワンポイント！

　PTAのアンケートの回答を担任が集め、それを役員に渡します。その際、回収状況がわかるように、提出した子どもは児童名簿に「〇」を付けておきました。仕分けの手間が省けたと感謝されました。

保護者の気持ちを理解する…❶

かけた電話。名乗る前に、「城ヶ﨑先生ですね」

　放課後、病気で欠席した子どもの家にお見舞いの電話をかけました。相手が受話器を取ったので、「小学校の……」と名乗ろうとした瞬間、「城ヶ﨑先生ですね。いつもお世話になっております」と先に言われてしまいました。

　電話のナンバー・ディスプレーに学校の電話番号が表示されたのでしょうが、私はまだ名乗っていません。しかも、欠席した子どもには兄がいます。

　学校からの電話だとわかっても、一言も発していないので、声で判断したわけではないようです。

　「電話の主が兄の担任だったらどうしたのだろう」、そんなことを思いながら、「よく、私（城ヶ﨑）だとわかりましたね」と聞くと、「親の勘です。そろそろ先生から電話がかかってくると思っていました」と得意気に答えます。

　この後、病状を聞き、連絡帳はお兄ちゃんに渡したことを伝え、翌日の日程を確認してから、「お大事にしてください」と受話器を置きました。

　電話はかけたほうが先に名乗るというのが常識です。それなのに、相手から名前を呼ばれたのには驚きました。

　名前を呼ばれることが人の気持ちをこんなにも和ませてくれるものかということを教わりました。

　いっぺんに親近感がわいてきました。そして、「何て気配りができる保護者なのだろう」と好印象を持ちました。

第2章

個人面談・懇談会で保護者とうまく付き合う

保護者が来校する数少ない機会です。しかも、万障繰り合わせて時間をつくってくれています。
せっかくの時間ですから、保護者が満足して帰宅し、次回も楽しみにしてもらえるような内容にしたいものです。

❶ 保護者が笑顔で帰れる個人面談

個人面談では、保護者はわが子の問題点を指摘されるのではないかと憂鬱な気分になりがちです。子どものよさを伝えて気分よく帰宅してもらえるような話をしましょう。

◆保護者はドキドキしながら面談に来る

　個人面談が始まると、「今日は覚悟してきましたから、何でも言ってください」と姿勢を正す保護者がいました。
　やんちゃな子どもの保護者は、「友だちに迷惑をかけているのではないか」。成績が不振な子どもの保護者は「ちゃんと家庭でも勉強をみてください、と親の努力を促されるのではないか」。おとなしい子どもの保護者は「積極性がないと言われるのではないか」。
　そんなことが気がかりな保護者は、ドキドキしながら面談に来ます。

◆「短所は長所」、子どものよさを伝える

　先生もおっしゃりたいことはあると思いますが、保護者は万障繰り合わせて来校してくださるのですから、面談後はわが子のよさ・素晴らしさという「お土産」を持ち帰ってもらいたいものです。
　授業中に先生が説明をしていると、話の先回りをする子どもがいます。休み時間は自分から友だちの中に飛び込んでいく社交性はあるのですが、場の雰囲気を読めずに本音を言うので、友だちとトラブルになります。
　保護者もそのことを知っているので、開口一番、「うちの子がい

つも余計な一言でご迷惑をおかけしております」と先生から指摘される前に言い出しました。

　その子どもは頭の回転が速く、臆することがないので授業中に真っ先に挙手します。授業が停滞している時は、大いに助かります。

　また、人と関わることが好きなので、「問題がわからない人がいたら、教えるよ」と友だちに声をかけます。保護者には短所と映る面を先生は長所として保護者に伝えます。

　保護者は「あんな子でも友だちの役に立っているのですね」と安堵します。「そうですよ。授業には欠かせない貴重な存在です」とクラスに貢献していることを付け加えます。

　「先生、子どものよいところを教えてくださりありがとうございます。ルンルン気分で帰れます」と来た時とは全く異なる笑顔で帰宅していきました。

プラス ワンポイント！

面談の翌朝、件の子どもの第一声が「お母さんにほめられた」でした。先生のほめ言葉とお母さんのうれしい気持ちを知ったことで短所を抑え、長所を伸ばそうと子どもはがんばっています。

② 保護者が満足する面談の時間は80分

人は少しずつ理解を深めていきます。悩み相談の保護者は「80分」面談するとなぜか満足してくれるようです。

◆保護者は困っているから話が長くなる

　保護者が教育相談のために来校しました。アポを取り、予定時間前に来校するなど常識のある保護者ですが、そこはやはり「子どもを心配する親」です。感情が先行し、順序立った話になりません。時間はドンドン過ぎていきます。

　先生は、「60分以内には終わるだろう」と高を括っていたのですが、「いつ終わるのだろう」と時計を見てしまいます。これでは保護者も「先生は話を聞いてくれなかった」という印象を持ってしまうかもしれません。面談時間は、十分余裕を持って設定することが大事です。

◆納得・満足するには、「80分」

　私の経験上、80分面談すると保護者は満足するようです。そこで、5時に終えるつもりなら、3時40分に相談時間を指定します。

　とはいえ単刀直入に「さて、相談は何ですか……」と聞くわけにはいきません。世間話から始め、最近の子どもの様子を紹介したら10分が経過しました。しかし最初の雰囲気づくりはこの後の面談の方向性を決めることになるのでおろそかにはできません。

　「ところで、本日の相談内容は……」といよいよ本題に入ります。

保護者が困っていることを話し尽くし、満足・すっきりしてもらえるようにします。人は20分喋ると満足するものです。この時、先生は保護者の話に口をはさまず、聞くことに専念します。不明な点は質問をして詳しい情報を得ますが、回答はせずに聞くことに徹します。

　保護者が、「どうしたらいいでしょうか？」とため息をついた時点から相談の開始です。ここからは先生も会話に加わります。「保護者20分＋先生20分」で40分は必要でしょう。実は、保護者は自分の中で既に答えを出しています。ただ、それが正しいのかどうかわからないので誰かに背中を押してもらいたくて相談に来るのです。

　相談事が解決したら、クラスの様子や掲示物を説明します。わが子の心配事が解決するとほかのことに関心を持てるようになります。ゆったりした気分で帰宅してもらうために5分取ります。

　ここまでで75分です。先生が、「そろそろ5時ですね」と時計を見ると、「こんなに長く話をするつもりはなかったのですが。相談にのってくださりありがとうございます」と面談に満足してくれます。残りの5分は、玄関まで見送ります。

➕ プラス ワンポイント!

時間の余裕は心の余裕につながります。「よし、聞くぞ」というどっしりした構えは保護者に伝わり、「先生は私の話を聞いてくれる」と安心して話を始めることができます。

❸ 解決よりもしっかりと悩む過程が大事

面談では、保護者が困っていることに向き合い、保護者自身でそれを解決できるようにサポートをしたいものです。

◆保護者は答えを求めるが、すぐに回答しない

　何かトラブルや困ったことが起きた時、保護者は「先生、どうすればいいでしょうか？」と尋ねてくるでしょう。そんな場面で大切なのは、先生がすぐに回答するのではなく、まずご本人にしっかり悩んでもらうことです。

　子どもがお店の物を持ってきてしまったことがありました。品物が欲しくてそんなことをしたのかと思ったのですが、どうもそれだけではないようです。

　その子の保護者と面談しました。通常は来校していただきますが、学校には来づらいだろうと思い、こちらが自宅に伺いました。保護者は憔悴しきった表情で、「何でそんなことをしたの。欲しければ買ってあげるのに」と嘆き、「子育てが間違っていたのだろうか」と自分たちを責めています。「先生、どうすればいいでしょうか？」と聞かれましたが、その場では回答しませんでした。

◆子どもの思いに応える行動を考え、選択し、実行する

　もし回答するのなら、「お子さんと一緒にお店に行き、謝罪してください。そして、代金を支払い、商品を『引き取る』必要があり

ます」と申し上げるつもりでした。

　これには２つの意味があります。「謝罪」は「あなたを見捨てないよ。支えるよ」という子どもへのメッセージです。「弁償」はお店に損害を与えないためです。

　しかし、私がすぐに回答すると、私の示した解決法に反発して、「なぜ行かなくてはならないのですか」とか、「電話で謝ればいいですよね」と言う保護者もいます。感情的なやり取りになり、せっかく設けた場が意見の食い違いで終わってしまうこともあります。

　また、「先生の言う通りにします」と言う保護者も、謝れば済むと思って、子どもとの関わりを振り返る機会を失います。その結果、保護者はわが子に失望し、自分を責めるだけになってしまいます。

　子どもも「商品を勝手に持ってくることは万引きで犯罪だから、これからは悪いことをしてはいけない」ということに、きちんと気づかないままになります。

　保護者は「どうしてわが子がそんなことをしたのか」と悩むことで、「わが子からのサイン」に気づかなくてはなりません。自分を客観視したり、多面的な見方をしたりすることが肝心です。

　その保護者は悩み尽くした後で、冷静に今回のことを振り返ることができ、「わが子はもっと構ってほしいと訴えていたのではないか」ということに気づき、一緒に店に行き、深く頭を下げて謝罪しました。

プラス　ワンポイント！

先生も悩んだ時は正直に、「少し考えさせてください」と回答を保留します。一晩考えると妙案が浮かぶものです。翌朝、「昨日の件ですが」と保護者にそれを伝えます。

❹ 面談の時間は厳守

どうして面談の時間が延びるのでしょう。それは保護者が話し足りない・聞き足りないと思っているからです。

◆わずかな延長が保護者の不満を呼ぶ

「時間になりました。では……」と、面談が終わろうとする時に限って、「先生、○○はどうなんでしょうか？」と質問する保護者がいます。

終了予定時間になったからといって無下に「次の方がお待ちですから、別の機会に」と断るわけにはいきません。こんな時、時間を超過して回答していると、面談の時間が延びてしまいます。

面談は１日10人ほど予定しています。仮に１人３分延びると最後の保護者の面談開始時刻は30分近く遅れることになります。

これでは最終面談の保護者は待ちくたびれ、疲れた表情で席に着くことになります。中には、口調こそ丁寧ですが、「日を改めます」と不満気に帰っていく保護者もいるものです。

◆保護者には面談時の議題を事前に準備してもらう

時間通りに終えるには、保護者が気になっていることを先に聞いておくことです。そして、「保護者が気になっていること→子どもの成長の証であること→来校への謝辞」と面談の道筋を考えながら、保護者と向かい合うとよいでしょう。

実際、急に「気になっていることがありますか？」と聞かれたら

保護者は答えに窮します。

　そこで、事前に「気になること、聞きたいことがあればお知らせください」と通達しておきましょう。保護者に面談の準備をしてもらうのです。こうすると、「実は……」と保護者は用意した相談事を先生に話せます。

　また、あらかじめ「聞きたいことが多いようでしたら、聞く順番を決めておいてください」とお願いしておきます。そうすると、「あっ、まだありました」と予定時間を過ぎてから聞き直されることがなくなります。

　また、事前に面談の質問を集めることができるので、先生はそれに対して説得力のある回答を準備できます。保護者が納得すれば、面談の時間が延びることはなくなります。

保護者が気になっていること → 子どもが成長していること → 来校への謝辞

プラス ワンポイント!

先生がさりげなく視線を移した位置に柱時計を移動しておきます。こうすると、保護者に気づかれずに時間を確認しながら面談を行うことができます。

⑤ 面談は子どものよさを保護者に知ってもらう場

子どものよさを知ることは親の喜びでもあります。そして、それはこれまでの子育ての成果でもあることを伝えると、安心感を抱きます。

◆わが子の課題を聞きたがる。それはほめてほしいというメッセージ

　面談の時に保護者は「うちの子はどうでしょうか？」と心配そうに聞いてくるものです。先生はその際、子どもがよりよくなるための課題を伝えればいいのでしょうか。実はそうではありません。

　「どうでしょう」と聞かれて、先生が用意したテストの解答用紙をもとに説明を始めて、「ここをもう少しがんばりましょう」と課題を出してきたとします。すると保護者は「そうですよね」と言いつつ落胆した表情を浮かべます。そして、帰宅すると「先生に○○と言われたよ。もっとがんばりなさい」と子どもを叱咤します。叱咤された子どもは、先生に不満を持ちます。

　ほとんどの場合、保護者は課題を聞きたがっているのではありません。保護者は子どものよさを教えてほしいのであり、先生からのほめ言葉を聞きたいのです。

　多くの保護者は、子どもの課題を「子育ての失敗」と捉えがちで、些細な指摘で自己嫌悪に陥ったり、反感を抱いたりすることもあります。面談の時間を子どもの問題点を指摘する機会と勢いこむと、保護者との関係づくりに失敗してしまいます。

◆保護者が気づいていない「子育て上手」に気づかせる

　面談では学校でのがんばりを伝えた後、「お子さんが『成長した・うまくなった』とうれしくなるようなことは何ですか」と子どものよさを聞きましょう。

　毎日一緒にいると子どものよさ・成長に気づかないものです。子どものよさを挙げてもらったら、その具体的な場面を想起してもらい、「幸せ気分・よい気分」を味わってもらいます。

　そして、「それは素晴らしい。そうなるためにどんなことを心がけているのですか？」と接しているコツを聞きます。実は保護者は無意識に子育てを行っていることが多く、「こうすれば、こうなる」と意識的に子育てを行っていないのが現実です。保護者に、「そういえば、○○と言葉をかけたり、時間を決めたりしていますね」と自覚化してもらうことで、自分の習慣の利点に気づいてもらうのです。

　最後に、「よい習慣が今後も継続できるには、どんな働きかけをしますか」と子どもとの関わり方を確認し、「気づき→意識化→自覚→習慣の継続」となるようにすると、保護者にとって前向きで実りのある面談になり、満足してもらえます。

プラス ワンポイント！

友だちのほめ言葉も伝えましょう。そのことで、保護者はわが子が仲間に認められていることを知り、友だち関係についても安心できます。さらに、ほめてくれる友だちの存在にも感謝したくなるのです。

⑥ 対応策と成果を伝えて課題を提示する

わが子の課題だけを伝えられても保護者は「じゃあ、どうすればいいの」と困ってしまいます。知りたいのは効果的な対応策です。

◆困った子どもには保護者も困っている

　もし保護者にお伝えしたい課題がある場合はどうすればいいでしょうか。そうした場合でも、「これができていません」という伝え方では保護者も困ってしまいます。なぜなら、子どもが何かできていないことがある場合、その親はそれをわかっていても、現状では手一杯というケースが多いからです。

　たとえば、授業中に落ち着いて話を聞けない、ほかの子どもに話しかけて授業が中断するような子どもがいた場合はどうすればいいでしょうか。

　その子の現状を「こうなんです」と保護者に伝えても、おそらく「またか」とうんざりされるだけです。困った子どもに一番手を焼いているのは保護者なのです。

　保護者にとっては、幼稚園時代から言われていることだからです。「この先生も同じようにしか見てくれていない」と落胆してしまうでしょう。この場合も、「この頃、いい傾向が見られますよ」「先日はこんなことを言ってくれました」など、改善している点やその過程を伝えることが大切です。課題に前向きになってもらいましょう。

◆効果があった対応策を提示する

　面談で「机の中やロッカーの整頓ができていません」と先生が子どもの課題を保護者に話したとします。すると、「そうなんですよ。勉強部屋もグチャグチャでどこに何があるのかがわからなくて困っているのです」と保護者も嘆くでしょう。

　それを受けて、「だから、忘れ物が多いのですね。整理整頓の習慣をしっかりと身に付けさせてください」と先生が保護者に頼んだとしても、保護者はどう改めてよいのかがわかりません。わかっていればとっくの昔に試みています。

　また、わが子のだらしなさと躾の至らなさを指摘されたような気分になり、保護者は悲しい思いのまま面談を終えることになります。

　こうした場合は、課題を提示する前に、「整理整頓、家ではどうですか？」と聞いてみます。すると、「あまりにもひどいのでいつも私が片付けているのです」「困るのは本人なのでほうっておいているのです」と保護者も困っている、お手上げ状態であることを話し始めます。「困り具合」は「必要性」に結び付きます。

　先生も、困っていることを嘆くのではなく、「学校でも整理整頓がうまくできるように一工夫しているのですよ」と、学校でどう対応しているのか、その工夫と成果を伝えます。そして、その方法を家庭でどう応用できるのかを保護者と一緒に考えます。

プラス　ワンポイント！

通知表の所見も同様です。漢字が苦手な子どもには、「新出漢字を1日3文字ずつ覚えるようにすると定着度が増し、練習する意欲が高まっています」と対応策と成果を記します。

❼ 小グループにすると懇談会が盛り上がる

保護者はたくさん話し、たくさん聞くことができると、「懇談会に参加してよかった」と感じます。それには小グループが有効です。

◆大勢を前にした一人一言のスピーチでは気が重くなる

　よく見かける懇談会のパターンに、保護者一人ひとりに参加者全員の前でスピーチしてもらうというものがあります。

　最初に先生の話。次に、保護者の話。机を「コ」の字型にして、一人ずつ順番に話をしていきます。最後に質問を受け付け、先生が挨拶をしてお開き。

　この時、参加している保護者の心理状態は、自分が話すことで頭がいっぱいです。当然、ほかの保護者の話は耳に入りません。

　それが終わると、あれも話せばよかった、これも話したかったと後悔します。そして、ほかの保護者の話は上の空です。

　結局、自分が言いたいことを言えず、ほかの保護者の話も聞けないことになるので、消化不良のような状態です。「こんな懇談会なら参加しなければよかった。もう二度と参加しない」と落胆しながら家路につきます。

◆少数だから井戸端会議感覚で懇談

　少数精鋭という言葉があります。精鋭を少数使う、選りすぐりを少数集めるという意味が一般的ですが、元経団連会長の故・土光敏

夫氏は「少数にすれば皆が精鋭になりうる」と言いました。言い得て妙です。

懇談会も少数にすることで話し合いが活発になります。子どもたちは4人1班です。懇談会が始まる前に机を班の形にし、机上に懇談会用の名札を置きます。とりあえず、保護者にはそこに座ってもらいます。

全ての保護者が懇談会に出席するわけではないので、班に1人だけということもあります。そんな時は、どの班も3人以上になるように調整します。

この時、男の子だけの保護者・女の子だけの保護者にならないようにします。男の子と女の子では話題が異なるからです。

テーマについて一人ずつコメントするルールにします。こうすると、発言に偏りがなくなり、全員に話をする機会が保障されます。懇談会は笑いと感嘆の声が絶えない情報交換の場となるでしょう。

プラス ワンポイント!

懇談会の最後は、小グループの話し合いを全体でシェアします。代表になってくれそうな人を選ぶ際は、「セーノ」の合図で指さします。決まった保護者は「エ〜」と声を上げますが、まんざらでもない様子です。

❽ 個人面談は保護者の知らないわが子のよさを伝える場

子どもは親の言うことを聞かないものです。でも、家で見せる顔と学校で見せる顔は違います。子どもは学校でがんばっています。

◆家ではだらしなくて困っています

　多くの保護者は、「『宿題は？』って聞くと、『後で』『わかっている』と言ってすぐにやらないのです。結局、寝る前に泣きながらやるんですよ。全く仕様がないですよね。親の言うことを聞かないのですよ」と嘆いています。

　こちらが、「そうなんですか。学校では『後で』と言うことはなく、すぐにやってくれますよ。それどころか、『その前』にやってくれるのでとても助かっています」などと、学校での様子を紹介すると驚きの表情を浮かべます。

　個人面談は保護者が知らないわが子のよさを知らせる場です。学校での様子を聞いた保護者は半信半疑ながらも満足そうな顔になります。

◆家でわがままを受け止めてもらえるから、学校でわがままにならないでいられる

　でも、どうして家庭と学校では見せる顔が違うのでしょうか。それは、家庭は「私」で学校は「公」だからです。家庭でくつろぎ、学校でがんばっているのです。そうやって、心のバランスを取っているのです。

家庭でくつろぐとは、わがまま（反抗）を発揮できるということです。わがままは「確かめ行為」です。こんなことをしても許してくれる？　見捨てないで構ってくれる？　と保護者を試しているのです。家庭で十分にわがままを発揮し、保護者がそれに応えてくれたら、「こんな自分でも大事にしてくれるんだ。自分は大事な存在なんだ」と自分を大切にしようとし、それが自信につながります。

　「自分のあるがまま」を受け入れてもらえると外でわがままになる必要がなくなります。だから、学校では「よい子」でいられるのです。

　こうしたことを保護者に話します。すると、わが子のわがままに対する認識が変わり、「家でわがままを受け入れていることが、わが子が学校では『しっかり者』だと信頼されていることにつながっている」「子育ては間違っていない」と安心できます。先生も保護者が素晴らしい子育てをしていることを伝えられます。

プラス ワンポイント!

わがままを受け止めてもらえると、今度は友だちのわがままを受け止められるようになります。人はしてもらったことを他人にしてあげようとするからです。

❾ 保護者に子育ての素晴らしさを思い出してもらう

保護者は日々子育て奮闘中です。大事なことは当たり前の中にあります。その素晴らしさを懇談会で教えてもらいます。

◆子育て、過去の喜びを振り返る

　保護者は自分の子育てに不安を抱いているものです。ですから、面談時には保護者が自分の今の子育ての「よいところ」に気づけるような話をすることが大切です。

　効果的なのは、過去のことを聞いてみることです。「子育てって大変ですが、喜びもありますよね。どんなことがうれしかったですか？」と、これまでのことについて聞いてみましょう。

　多くの保護者が一生懸命思い出そうとしてくれます。そして、自分ががんばってきた子育ての経験を話してくださると、面談はとてもいい雰囲気で終えることができます。

◆子どもの行動の背景を想像する

　ある保護者は、「そうそう。父親を玄関で見送る時に普通は、『行ってらっしゃい。早く帰ってきてね』なのでしょうが、うちの娘は『大好き』って言うんですよ」とうれしそうに話し始めてくれました。お父さんは「大好き」と言われるとうれしくなって、バスの時刻が迫っていても思わず抱きしめてしまうそうです。そういえば、その子は「両親はギュッとしてくれるんだよ」と得意気に話をしていました。「どうして『行ってらっしゃい』ではなく『大好き』なので

しょう」と聞きました。すると「ある時、『今夜は遅いんだ。先に寝ていて』と答えたら、悲しそうな顔をしていました。その後ですね、『大好き』に変わったのは」と経緯を思い出してくれました。

　きっとその子なりにお父さんが抱きしめてくれる言葉を精いっぱい考えてのことだったのでしょう。

　そんなエピソードをお聞きした後、「お子さんに『大好き』って言われるなんて素晴らしい子育てをしていますね」と言うと、とても喜んで帰っていかれました。

　保護者に子育てについて、過去のよかったエピソードを話してもらい、よい点をフィードバックすると「自分では気づかない自分のよさを見出してくれる」と感じてくれます。そして、これからもよかった行動を自覚的に行おうとしてくれるのです。

プラス ワンポイント！

手を煩わせたこと、大変なことも終わってしまえばいい思い出、笑い話になります。そして、「昔は○○だったけど、今は……」と成長に目が向くようになります。親ってそんなものです。

⑩ 参観中の保護者の私語が気になる

授業参観中に廊下で私語に夢中になっている保護者もいるものです。しかし、下手に注意をすると反感を買う場合もあります。

◆「静かに！」と注意を促せば、保護者の反感を買う

　授業参観中、廊下で私語をしたり笑い声を上げたりしている保護者がいると、先生はとても気になるでしょう。

　そんな時、廊下に出て私語を注意するのはやめましょう。これは、正面からぶつかる注意の仕方です。保護者は私語はやめるでしょうが、顔を見合わせて、先生に対する不快感を共有することになるでしょう。

　私たち教師にとっては授業中の私語はルール違反です。わが子の授業の様子を見に来たのであって、お喋りをしに来たわけではないだろう、という憤りと遺憾の意をつい伝えたくなりますが、これはやめたほうが賢明です。

◆保護者も授業に巻き込む

　廊下でのお喋りは慎むべきですが、「そんな人もいるだろうな」と思うと、保護者のお喋りへの苛立ちから解放されます。

　すると、静観している「正しい参観者」が目に入り、「立派だな」と思えます。

　また、授業中は子どもたちに「おうちの人が一生懸命に参観してくれて、みんなは幸せだね」と声をかけ、保護者には「温かい目で

参観してくださりありがとうございます」とお礼を言うと、子どもたちは保護者の方を振り向きます。自分の親がそこにいれば満足そうな顔をしますし、保護者も子どもに見られていると、私語を慎みます。

　そして、実際に保護者の私語が始まってしまったら、先生は、廊下に出て、「本日は、来校してくださりありがとうございます。教室にはまだ若干の参観スペースがあります。満席にならないうちに教室へお入りください」と声をかけましょう。

　さらに、廊下にいた保護者が教室に入ったら、「ノートをおうちの人に見せてあげましょう」「おうちの人と一緒に、音読をしましょう」と子どもに課題を出します。すると、子どもは保護者のもとへ喜んで駆けつけます。時には、「保護者のみなさん、お子さんの隣に行ってみてください」と呼びかけます。

　授業に参加してもらうことで、私語をとがめる必要もなくなり、関係を損なわずに済みます。

プラス ワンポイント!

保護者は悪気があって私語をしているわけではないので、自分が私語をしているという自覚がありません。それなら、私語ができない状況を先生がつくってしまえば、保護者は参観に集中できます。

⑪ 保護者が思いつかないような考え方を示す

保護者の悩みは期待の裏返しです。多くは、自分の子育ては間違っていないというお墨付きを欲しているのかもしれません。

◆わが子が発表しない！ 子育てに問題があるの？

　授業参観後の懇談会で、「うちの子は発表しない」と嘆く保護者がいると、「うちの子どももそうなんですよ」と同調する声があちらこちらから聞こえてきます。

　でも、保護者は本当に挙手しないことを心配しているのでしょうか。案外、「うちの子どもはそういうタイプなので、先生は『発表しない子＝意欲がない』と決めつけないで、『子どもの個性』を尊重してほしい」と思っているのかもしれません。わが子のありのままを受け止めてほしいと訴えているのかもしれません。

　自分の子育てを否定せずに、認めてほしいと願っているのかもしれないのです。

◆保護者の不安は期待の裏返し

　授業参観ではわが子の発表を見たい、挙手してほしいと願う保護者の気持ちはよくわかります。

　しかし、何事にも役割分担はつきものです。全員が発表していたら話し合いになりません。聞き手がいるから発表ができるのです。

　そこで、保護者には「聞き方が上手なのも大事なのですよ」と伝えましょう。

また、「授業で大事なことは『質問』と『発見』です。『質問』には『できない、教えて』というヘルプと『それは違うのでは？』という異論の2種類があります。『発見』は『わからないことがわかった』という感激と『やっぱり自分の意見が正しかった』という確信の2種類です。こうして学び合うのが授業のよさです。授業参観では、ぜひ挙手の「手」だけではなく「頭」の動きにも注目してください。疑問の時は首を傾げます。得心した時は頷きます。

　帰宅したら、その時に何を考えていたのかを聞き、自分の考えを持っていたことをほめてあげて、『しっかりと"頷き参加"していたね』と勇気づけてください」と伝えましょう。

　保護者は先生がわが子の細かい動きにも注目してくれていることに安心しますし、発表する・しないにこだわる必要がなくなりホッとします。すると先生への信頼感も増すものです。

プラス ワンポイント！

先生は「心配はご無用ですよ」と受け止め、保護者が思いつかないような考え方を示します。それが「子育ては間違っていませんよ」という安心感を与え、応援メッセージとなります。

⑫ 保護者のマイナス言葉をプラス評価に置き換える

保護者は面談でわが子の愚痴をこぼしますが、それは本意ではありません。うっかり同調すると保護者の信頼を失います。

◆ミラーリングには気をつける

　心理学にミラーリングという手法があります。相手の言動を真似ることで、相手には共感・好感の気持ちとして認識され、無意識のうちに心を許し、相手との距離を縮められるという効果があります。私も面談などでよくこの方法を使います。

　感情を表す言葉をミラーリングすると、相手は気持ちを理解してもらえたと思い、安心感を抱きます。行為を表す言葉をミラーリングするとそれについて深く掘り下げることになります。よい行為なら話が盛り上がり、親近感がわきますが、悪しき行為はダメ出しの連続となり、相手を否定するだけとなりますので注意が必要です。

　悪い状態について話し合う時は、ミラーリングの手法ではなく、「反対の意味」を保護者に返すとよいのです。

◆プラス評価に置き換える

　遅刻はしませんが、始業時刻ギリギリに登校する子どもがいました。面談ではそのことが話題になりました。保護者は、「うちの子は支度に時間がかかるんですよ」と愚痴をこぼします。

　こういう時、「時間がかかる」なら、「丁寧に支度をしている」と言い換えます。

「確かに丁寧ですね。歯磨きはいつも3分以上しています。でも、時間がギリギリだと親は焦りますよね」と言うので、まず「時間を逆算して行動しているということは、先を見通す力があるという証拠ですね」と子どものよさを伝えました。

　保護者がもう少し早くから準備を始めてほしいと思っている気持ちにも触れて、「遅刻してほしくないという親心ですよね。もう少し早くしてくれたら安心できるのですよね」と共感すると、「そうなんです。『もう少し早くから始めたら』っていつも言っているのですが、『大丈夫、遅刻しないから』って落ち着いて言うのですよ。親はハラハラなのですが、遅刻しないのならいいですかね」と安心した顔になりました。

　保護者のマイナス言葉は、プラス評価に置き換えることで、保護者を安心させることができます。

➕ プラス ワンポイント！

保護者のマイナス言葉は不安の表われでもあります。先生がプラス評価に置き換えることで「今のままでもいいのだ」と保護者の不安は安心に変わります。

⓭ ほかの家庭の子育てが参考になる懇談会

子育てにはいろいろな考え方があります。懇談会を通してそれを知ることで自分の子育てを振り返るよい機会になります。

◆子育てに役立つ話も聞きたい

　多くの保護者は自信を持って子育てをしているわけではありません。不安を抱えながら自分の親に相談したり、情報誌を読んだりしながら手探りで子育てをしています。

　懇談会に集まるクラスの保護者は、いわば「親仲間」だと思います。「親仲間」の子育てを知ることで、自分の子育てについての不安を払拭したり、改善したりできることも多いでしょう。

　しかし、懇談会の場では、自分の悩みを表立っては話せないかもしれません。相談したいことが話せなかった保護者は、悶々とした思いで帰路につくことになります。

◆テーマを決めて子育て情報を交換する

　懇談会を「子育てに生かす場」にするためにはどうすればいいでしょうか。

　たとえば、先生はいくつかのテーマを決めて、それを１枚ずつカードにするといいかもしれません。テーマには、「怒りたくなった時どうする・わが子の自慢・この子の親でよかったなと思った時・よくかけているほめ言葉・どうしてもこだわってしまうこと・家族のよいところ・失敗した時にかけてほしい言葉」等々。「集めてい

るポイント」というちょっとしたお得な生活情報や「わが子が好きな料理」などの家庭自慢も加えると盛り上がります。

　話し合いは４人１組の小グループで行います。テーマに対して一人ずつコメントします。質問は自由に受け付けます。

　「よくかけているほめ言葉」では、わが子のがんばりに感謝し、励みにしている気持ちを込めて、「お母さんはうれしいなあ。お母さんもがんばるよ」と言い、頭を撫でるという保護者がいました。

　それを聞いたほかの保護者は「すごい」「なるほど、親の気持ちを伝えると子どもには二重の喜びとなるのね」「スキンシップが大事なのね」と発言を分析し、自分の子育てに生かそうとしてくれました。

　懇談会の最後は各班の代表が盛り上がったテーマや具体的な内容を全体でシェアします。グループによって話題が異なるので、参考になる話をもらえ、「帰ったら早速やってみよう」と満足気に教室を後にしていました。

＋プラス　ワンポイント！

　先生は各グループを、「どんなことが話題になっていますか？」と聞いて回り、しばし話し合いに加わります。その際、平等を期すため、どのグループも同じ時間配分にします。

⓮ 子どもの生の声が伝わる懇談会に

親子間でトピックになるようなアンケートなどを取って資料にすると会話が弾み、子どもの生の声が伝わる懇談会となります。

◆読めばわかるような話では盛り上がらない

　多くの先生は懇談会のための資料をがんばって作成します。しかし、なぜか保護者は関心を示さないことがあります。一般的な話や統計資料のようなものを出されても、「そうなんだ」と漠然と受け止めるだけで、真剣にわが家を振り返ろうとは思われないものです。

　いかにも役に立ちそうな資料を用意する必要はないと思います。それより、クラスの子どもたちの生の声がわかるような工夫をして、それを保護者に投げかけると、話はとても弾むものです。

◆子どもたちの生の声があると盛り上がる

　子どもたちに事前にアンケートを取っておくとおもしろいでしょう。たとえば、「１日のうち親子で話す時間はどれくらいですか？」という質問です。そして、同じ質問を懇談会に参加している保護者にも投げかけます。

　この「会話時間」は、親子間でのギャップがもっとも大きかった質問でした。子どもの回答が０分、５分と短いのに対して、保護者は３０分、６０分と長いという相違にショックを受けていました。

　会話の認識が親子では異なるのです。いつの間にか、「どんな内容なら『親子の会話』だと思ってくれるでしょう」という話題につ

ながりました。

　ほかにも、「テレビの視聴時間」「家庭での学習時間」も親子間のギャップが出るかもしれませんし、「どんな親であってほしいか」という質問の答えを保護者に見てもらうのもいろんな気づきがあると思います。

　私は子どもたちに「コップとジュースのボトルがあります。きょうだい2人で分ける時、どのように分けますか？」という質問をしたことがあります。「私が分けて妹に選ばせる」「妹に分けてもらって、少ないほうを選ぶ」など、それぞれの子の考え方が現れてくるので、とてもおもしろいです。

　子どもはその場にはいませんが、アンケートによる子どもの生の声を「聞き」ながら、親子間のコミュニケーションを振り返るよい機会になりますし、有意義で楽しい懇談会にすることができるでしょう。

プラス ワンポイント！

親は自分の認識とわが子のそれが一致していると確信しています。懇談会の資料を通して、ほかの家庭、ほかのお子さんと比較するのではなくわが子の思いを知る機会を得ます。

⑮ 保護者の愚痴は「成功」の裏返し

保護者はよくわが子の愚痴を口にしますが、そこには別の意味が含まれていることを知り、その真意を引き出すようにしましょう。

◆愚痴を言葉通りに捉えると、保護者は不快になる

「最近、私に対して『くそばばあ』って憎まれ口を叩くのですよ」とため息交じりにわが子の愚痴をこぼす保護者がいました。

保護者が困っているのだと思い、「それはいけませんね。親に向かってそんな言葉を吐くとは許しがたいですね。言葉は心の表われです。そんな時は、有無を言わさずに叱らなければダメですよ」と保護者の背中を押したつもりでした。

ところが、保護者はこちらの言葉に勇気づけられるどころか、「心が悪いのですかね」と穏やかながらも私への不満を含んだ言葉を返してきました。

こちらは保護者を応援したつもりでしたが、保護者は違う回答を期待していたので、気分を害してしまったのです。

◆続きの「ドラマ」を聞くと、言いたいことが見えてくる

保護者の愚痴は、その後に話したい自慢話につながっていたり、さらにもっと深い話につながっていく前ふりだったりすることが多いものです。

そこで、雰囲気を改善するために、「そんなことを言われたら腹

が立つでしょう」と聞くと、「もちろん腹が立ちます……」と言った後で少し誇らしげな表情を浮かべました。

「何か話したいことがあるのだな」と察し、「そんな時、お母さんは何と返すのですか」と保護者が続きを話したくなるように仕向けました。すると、「ハイ、ハイ。『くそばばあ』でもお母さんの相手をしてくれてうれしいなあ、と聞き流すだけです」と答えてくれました。聞き流す、取り合わないことで子どもは肩すかしを食らったような気分になり、黙りこんでしまうそうです。

そして、しばらくして保護者が「『くそばばあ』ではなく、『素敵なお母さん』って言ってほしいな」と声をかけると、「わかったよ。さっきはごめん」と謝ってきたということです。

この場合の保護者の愚痴は「大人の対応をしたことで子どもが素直になったという成功談」へのプロローグだったのです。成功談を引き出したことで、よい雰囲気で面談を終えることができました。

保護者の愚痴は、うかつにその言葉だけに乗るとやけどします。よくよく聞いて真意を引き出しましょう。

プラス ワンポイント！

「愚痴は期待の裏返し。愚痴は親心」だと前向きに捉えると、対応策が見えてきます。

COLUMN

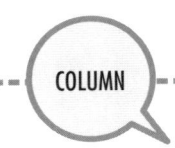

保護者の気持ちを理解する…❷
大人でもほめてもらうと
うれしい気分

　始業前、父親がわが子の忘れ物を届けてくれました。
　出勤前に来校されたので、スーツ姿です。それが様になっていて、格好いいのです。
　思わず、「お父さん、素敵なスーツですね。オーダーですか？」と尋ねてしまいました。「わかりますか！　オーダーなんです」とうれしさを抑えつつ答えます。
　さらに尋ねます。「シャツもオーダーですよね。袖の長さを見たらそんな気がするのですが……」。すると「Ｙシャツも同じお店でオーダーしました」と、よくぞそこまで気づいてくれてありがとうという感じです。最初はスーツが気になったのですが、Ｙシャツが「僕にも気づいてよ」と訴えていたのです。
　電車の時間が迫っていたのですが、しばらくは「スーツ談義」です。お店の名前や費用などを教えてくれます。父親は話をしながら、スーツやＹシャツに手をやります。
　スーツをオーダーする人は身だしなみに気をつけています。ましてやＹシャツまでオーダーする人は相当おしゃれです。それに気づいてもらえた父親は満足そうな顔をして駅に向かっていきました。

　後日、私も同じ店でスーツをオーダーしました。それを着て授業参観を行いました。件の父親が参観していたので、「早速、オーダーしました」と耳元で囁くと、「似合っていますよ」とほめてくれました。
　大人でもほめてもらえるとうれしいものです。

第3章

保護者からの
クレームには
こう対応する

起こってしまったクレームを嘆いても始まりません。それよりもどうしたら円満に解決できるかを考えるほうが得策です。本章ではその方法と先生の気の持ちようを紹介します。

① 話を聞き終えるまで、口をはさまない

先生といえども人間です。クレームを受けると保護者の話を遮って弁解したり、事実と異なる点を訂正したくなったりするものです。

◆責められると自分を守りたくなる

　保護者からクレームを受けると、「でも」「しかし」と口をはさみたくなります。責められている気分になるので、自分を守りたいという思いが先に来るからです。

　しかし、保護者は自分が言いたいことを言い尽くしていないので、「そうは言っても……」「話はまだ終わっていません」と態度を硬化させるでしょう。

　それなのに先生は、「ですが、今おっしゃったことは……」と自分に非がないことやそうせざるを得なかった事情を説明しようとしがちです。

　先生は自分を守るために、「説明すれば理解してもらえる」と思ってつい口をはさんでしまいます。しかし、保護者はその説明を頭で理解できたとしても、心で納得できないのです。

◆クレームを保護者の「困りごと」と受け止める

　保護者のクレームの原因は先生にあります。先生自身が責められているのですから、冷静には聞けないでしょう。

　それでも、まずは最後まで保護者のクレームを聞くにはどうしたらいいのでしょうか。それは、クレームを「保護者の困りごと」と

捉え直すことです。そうすると、クレームに耳を傾けられ、「何を解消すれば納得してもらえるかな」「保護者のために何ができるのか」という視点で話を聞けるようになります。

たとえば、「宿題が多い」というクレームには「仕事をしているのだから、勉強をみる時間がない。だから、わが子に申し訳ないという思いがクレームに転じているのだろう」と推測し、「確かに算数だと子どもは、『わからないから教えて』と助けを求めるよな。でも、仕事から帰ってきたばかりではそんな時間はないな。漢字のように一人で取り組めるような内容にすれば親の負担は減るな」と捉えれば、保護者の困っている姿に寄り添う言葉を用意できます。

先生のこうした姿勢は表情に表われます。クレームと思うと仏頂面にもなりますが、親身になると大きく頷くなど共感の意も自然に表われてきます。そんな先生と相対していれば、保護者の怒りも収まってきて、口調も平静に戻ってきます。

プラス ワンポイント！

人は20分話し続けると満足するようです。これはクレームも同じです。先生は「20分、20分我慢」と念じながら話を聞きます。ゴールを設定するとそれまではがんばろうと思え、聞き役に徹することができます。

❷ 早くその場を切り抜けようとして、すぐに謝らない

謝れば許してもらえ、クレームが収まる。そう思っていませんか？　それが先生の立場を窮地に追い込むのです。

◆とっさの言葉が逃げ口上と取られることも

　私が保護者からクレームを受けた時のことです。
　お話を聞きながら、つい「理不尽なことを言うなあ。早く終わらないかな」と思ってしまいました。そして、「この場で何とか処理しなければ」と焦ってしまいました。教育委員会や議員に話を持っていかれるとさらに時間を取られるからです。
　その時、「教育委員会に訴えたりはしませんが……」という保護者の声が耳に入りました。
　私は思わず、「ご配慮、ありがとうございます」と言ってしまったのです。すると保護者は「訴えられたら困ることでもあるのですか。先生に非があるから、訴えてほしくないというのが本音なのですね」と語気を強めました。
　安易に保護者の言葉に飛び付いたために、火に油を注ぐ結果になってしまいました。

◆言葉尻を捉えられないように発言は慎重に

　「ご配慮ありがとうございます」「申し訳ございません」とお詫びすることは大事ですが、使う場面を間違えると「保身に走っている」と受け取られます。慇懃無礼な印象を与え、保護者の苛立ちを増す

ことにもなるのです。

　また、先生が安易に謝罪の言葉を発すると、保護者に迎合し、ご機嫌を取っていると思われます。

　そしてそのことが、先生の立場を窮地に追い込むことになるのです。こうした状況に陥らないために、言質を取られないように別の言葉に言い換えてみましょう。

　○（穏便に済ませてくださり）ありがとうございます
　　→　痛み入ります
　○申し訳ございません
　　→　そのような気持ちにさせてしまったのですね
　○お願いします
　　→　参考になります

　子どもの喧嘩は謝れば許してもらえるでしょうが、保護者のクレームは謝ればいいという姿勢ではこじれることが多いので、注意が必要です。

プラス ワンポイント！

先生は話せばわかってもらえると思って説明するのですが、保護者には言い訳にしか聞こえません。クレームは氷山の一角で、水面下には大きな不満があります。

③ 言い訳言葉を封印する

クレームを受けると「言い訳言葉」が喉まで出かかってきます。それを飲み込むか否かでその後の展開が変わってきます。

◆言い訳言葉がクレームをヒートアップさせる

　クレームは誤解に基づいていることが多いので、「それは違います」という言葉が出てきがちです。どんな人でも、相手の言葉を訂正したい、自分の真意を汲んでほしい、という気持ちになるでしょう。つい「しかし」や「でも」から始まる言い訳で、自分を守ろうとしてしまいます。

　先生は子どもが言い訳をし始めた時に「言い訳をしない」と制しますよね。保護者もそれと同じ気持ちになるのです。

　先生の「言い訳言葉」が着火点となって、保護者の気持ちを逆撫でし、感情をさらにエスカレートさせることになってしまったら、保護者のクレームはヒートアップしてしまうかもしれません。

◆感情に寄り添う

　保護者が感情的になっている間は、仮に事実と異なることでも、「言い訳言葉」を封印します。

　「それは違う」「それは誤解だ」と思ってはいけません。思ったことは首を捻ったり、視線を逸らしたりなどの態度や仕草に出ます。こうした「言い訳態度」は、無意識に出てしまうので要注意です。

　では、保護者のクレームのどこに注目すればいいのでしょう。そ

れは「感情」に焦点を当てた言葉です。「先生を絶対に許せない」と言われたら、「『許せない』、しかも、『絶対に』……。そんな辛い思いをさせてしまったのですね」と言動の裏にある感情を察しながら声を低くします。先生は大きく頷き、前かがみになって話を聞くようにします。

　先生の「耳を貸そうとしている」という態度は、保護者にも敏感に伝わります。責める相手だと見ていた先生を少しだけ肯定的に見ようとしてくれるでしょう。

　保護者の口調が変わり、敵対関係のような険しいムードが緩み、先生の言葉に過剰な反応をしなくなります。先生の話を聞いてもいいという穏やかさが出てきます。

　感情に寄り添うことで、保護者は受け入れられたという「安心感」を得られ、先生を許そうという気になります。

> **プラス ワンポイント!**
>
> さらに冷静になるために、先生はゆっくりと話をします。ゆっくり喋ると気分が落ち着いてきます。先生がゆっくりと話をすると、保護者の口調もゆっくりとなり、冷静さを取り戻します。

❹ 同意したとみなされる言葉を使わない

保護者のクレームに思わず頷いたり呼応する言葉を発したりすると、保護者は「同意した」とみなします。

◆「そうなんですね」は「YES」の表われ？

　クレームを言ってくる保護者は「自分は正しい、先生は間違っている」と決めつけ、理性よりも感情が優先しています。さらに、「わが子がかわいそう」という親心が加わるので、先生に非を認めさせ、謝罪の言葉を引き出すのが当然だと思っています。

　保護者はそういう自分の「思い込み」というフィルターを通して先生の言葉を聞き、自分に都合がいいように解釈します。

　たとえば、先生が疑問の意味を込めて「そうなんですね？」と言ったとします。保護者は「そう」を「YES」と受け取り、「そうでしょう。そう思うでしょう。先生もそれは認めますよね」と念を押し、保護者は先生が同意したと解釈して「だったら……」と自分の正しさを確信するので、クレームはヒートアップしていきます。

◆保護者の意識が別に向く言葉かけ

　「昨日、A君に叩かれたからやり返しただけなのに、先生は理由も聞かずに息子を叱ったそうですね。服を脱ぐと痣があったんですよ」というクレームがありました。

　こういう時に、「叩かれた」「痣」に先生が反応して話してしまうと、保護者は叩かれた場面を想像したり痛々しい痣を思い出したり

するので不満が増していきます。

　こういう場合は、「痛みは落ち着いてきましたか」と保護者の意識が別に向くような言葉をかけます。症状が重ければクレームよりも先に病院に行っています。症状が落ち着いてきたから、心配が怒りに変わり、クレームを言いに来ているのです。「落ち着きましたか」と聞くことで症状はもちろん心の状態も案じてもらえるので、保護者は冷静さを取り戻し、気持ちの整理をする時間が取れます。

　先生がタイミングよく「安心しました」と快方に向かっていることに話題を転じると、「まあ、よくなっているからいいようなもの……」と保護者のクレームもトーンダウンしていきます。

プラス ワンポイント！

ピンチはチャンスに転換できますが、チャンスを逃すとピンチを広げるだけとなります。言い換える際は、保護者の視点が変わるような言葉を思い浮かべ、言うタイミングを計ります。

⑤ うかつに「責任を持つ」と約束しない

クレームに対して誠実な対応を心がけるあまり「責任を持って」と実行できない約束をしてしまうことがあります。

◆担任に責任は取れない

　保護者のクレームに対して、「わかりました。責任を持って対応します」ときっぱり答えることは、一時しのぎにはなりますが、その約束を果たせなかったら大変なことになります。

　担任に「責任」を口にする資格はありません。学校で責任を取れるのは校長だけです。

　仮に違法行為があった時は懲戒処分を受けることになりますが、保護者との約束で担任が責任を取るとしたら、「自分の進退をかける」ということです。

　保護者もそこまではしないとわかっているので、「どのように責任を取るのですか」と具体的な言葉を要求して先生の本気度を試し、「もし、その責任を取れなかったらどうするのですか」と言質を取ろうとします。

◆「しっかりと」対応することを心がける

　先生は結論を急いではいけません。クレーム対応は「結論を敏速に出し、責任を持って対応する」といわれますが、それは昔のことです。

　敏速は拙速につながります。少ない情報では判断に迷い、間違っ

た決断をしがちです。そうなると責任は空約束となり、保護者の信用を失うことになります。

　ですから、もし「責任」という言葉が頭をよぎったら、「しっかり」に置き換えてください。

　「責任を持って対応します」と言うと結果が全てとなり、保護者が期待した結果にならない時は、「責任を取れ」と迫られます。

　それに対して、「しっかりと対応します」は「対応（＝過程）」に尽力するということです。正確な情報を集め、ベストな対応を行うということです。

　それには、敏速よりも正確さを心がけることです。そうすれば、うかつに「責任を持つ」という言葉を口にしなくて済みます。

　仮に保護者の期待する結果にならなくても、「これだけやってくれたから……」と保護者は理解を示してくれます。

➕ プラス ワンポイント！

　保護者にはしっかりと「途中経過」を報告します。小まめに報告を受けることで、保護者は「先生はしっかりと対応している」と評価を変えてくれます。

⑥ クレームの解決には提案を添える

「善処します」では解決策にはなりません。具体案を提示することで先生の対応に期待してもらい、怒りをトーンダウンさせます。

◆話し合いの主導権は聞く側にある

　保護者は先生が何をしてくれるのかを聞きたくて来校しています。解決策を出してほしいのです。

　それなのに、「それではどうしたらいいですか？」「どんな対応・結果をお望みですか？」と保護者に今後の対応を任せるようなことを聞くと、「無責任極まりない」「他人事だと思っている」とクレームに拍車がかかります。

　クレーム対応も対話の一つです。ひとしきりクレームを吐き出した保護者は「今度は先生が回答する番。納得できる説明をしてください」と先生の話を聞こうとします。対話の主導権は話す側ではなく聞く側にあります。

◆まずは対応策を提示

　先生の説明を受け入れるかどうかの決定権は聞く側にあります。ですから、先生は保護者が納得するように話をする必要があります。

　それには、「対応策」を添えることです。「どうしたら」と保護者にお伺いを立てるのではなく、「このように」と保護者の意を汲んだ対応策を提示します。

　ただし、保護者はその場での詳細な話を望んでいるのではありま

せん。とりあえず当面の対応を聞きたいのです。今後の展開を聞くだけで、安心できるのです。

ですから、まずは概略を示します。たとえば、「アンケートを取り、それをもとにして休み時間や放課後に聞き取りを行い、事実関係がはっきりしたら、ご報告いたします。正確な報告を期すため少々お時間をください」という具合です。保護者は具体策よりも真摯な態度を期待しているのです。

もし、「もう少し詳しく」と言われたら、アンケートの内容などを説明します。

提示し終えたら、「これでどうでしょうか？」と保護者に聞きます。一方的な提示は反発を買いますが、同意を求められることで保護者は自分の気持ちを尊重してくれたと思うようになります。

プラス ワンポイント！

回答の期限を提示します。保護者は期限までは待とう、我慢しようという気持ちになれます。その間は保護者の来校・電話がないので、先生は解決に向けて集中することができます。

⑦ 味方になってくれる保護者は必ずいる

保護者は皆敵だと思うと、八方塞がりになります。先生の「素顔」を見せることで先生の味方になってくれます。

◆連絡ミスのため、習字道具を用意できなかった

　書写は専科の先生が教えているのですが、予定の日に授業ができなくなりました。そのため、金曜日の書写が水曜日に変更になり、そのことを学級通信に記しました。

　私は週案形式の「週予定表」を配布しています。そこには時間割・授業内容・持ち物が記してあります。子どもたちはそれを見て、授業の準備をします。

　学級通信で連絡していたので、週予定表は変更しませんでした。その結果、3分の1の子どもが習字道具を持ってきませんでした。

　保護者に伝えていたので、子どもに周知させなくても大丈夫だろうと高を括っていたのです。

◆「保護者にも落ち度があるのです」

　「保護者にも落ち度があるのです」。これは保護者からいただいた言葉です。

　当日、習字道具を忘れた子どもは茫然としています。「予定表をちゃんと見てきた」「連絡帳に変更が書いていない」と持ってこなかった正当性を主張します。

　習字道具を持ってきた子どもは、「学級通信に書いてあったよ。

お母さんが教えてくれたよ」「学級通信をお母さんに渡した？　読んでないんじゃない？」と私に非がないことを弁護してくれます。

　それを耳にした子どもは黙ってしまいました。子どもが先生の窮地を救ってくれたのです。

　翌日の学級通信で連絡不足を謝罪し、習字道具を忘れさせてしまったことを謝りました。すると、連絡帳に、

「先生は連絡帳に書かせなかった。確かにその通りですが、学級通信で事前に知らせてくれたのですから、先生だけが悪いわけではありません。それに、先生は『誰にでも失敗はある』と子どもにおっしゃっていますよね。まさに今回の習字道具の件がそうです。だから、気にしないでください」
とありました。

　ミスは言い訳をせずに謝罪し、迷惑をかけたことを詫びることです。そうすると、保護者は寛大な対応を取ってくれます。先生の真摯な態度があれば、味方になってくれる保護者もいます。

プラス ワンポイント！

「誰にでも失敗はある。大事なことはその後です。相手のことを考え、素早く、丁寧に対応する」と普段からミスに寛大な態度を示します。情けは人のためならず、です。

❽ こじれそうなクレームにはチームで対応する

一人の力には限界があります。学年主任や管理職に相談しながらチームで対応すると先生の精神的な負担が軽くなります。

◆一人で背負うと事態をさらに悪化させてしまうこともある

　クレームを一人で背負うと先生の負担は大きくなります。クレームを受けていると思うだけで気が重く、憂鬱な気分になり、先生は冷静かつ適切な判断ができなくなります。

　人は悩み事があると気にしないように努めますが、気にしないと思えば思うほど悩み事が頭から離れなくなります。すると、解決の見通しが立たなくなるので、気持ちはますます落ち込みます。

　そんな時は誰かに話を聞いてもらうことが大切です。

　ドイツのことわざに「わけられた悩みは半分になる」とあります。一人で悩まずに上司である管理職に相談しましょう。上司は人生経験も豊富ですから、妙案を提示してくれます。いざとなったら、しっかりと先生を守ってくれます。また、不思議なもので、誰かに話をすることで気持ちも楽になるでしょう。

　何よりも、人に相談すれば、クレームについての整理ができ、冷静に問題点を見直す機会になります。

◆管理職の座席が大事

　保護者がクレームで来校した時は、学年主任や管理職に同席して

もらいます。親しく話をするのなら、先生と保護者は隣同士で座ったりＬ字型になって座ったりするのがいいのですが、クレームの場合はそういうわけにはいかず、対面することになります。

　この時、管理職は先生の隣には座らないようにします。隣に座ると、保護者の視線に２人が入ります。すると保護者は「『１：２』になってしまった」と数的な不利を感じ、「負けてなるものか」という緊張感を高め、最初から敵対関係になりがちです。これでは、怒りを助長することになります。

　ですから、管理職はＬ字型に座るようにしましょう。こうすると、保護者の視界には担任だけとなり管理職の存在を気にせずに済みます。

　保護者にとって管理職は学校側の人間、つまり先生の味方という認識でいます。ですがＬ字型に着席していれば、管理職はあくまでも中立の立場であり、よりよい解決のサポートをする存在、ファシリテーターの役割を務めているのだと保護者にも印象づけることができるでしょう。

プラス ワンポイント！

　先生は自分の意見を言いたい時は、質問の形に変えて、管理職に意見を求めます。管理職はすぐには答えずに、「Ａさんはどう思いますか？」と保護者に返し、うまく話し合いをリードします。

⑨ 管理職に報告する前にメモを取る

クレームから先生を守ってくれるのは管理職です。情報をしっかり伝えることで、管理職は先生を守る根拠を持つことができます。

◆慎重に回答する

　前項では「クレームにはチームで対応する」と書きました。来校を事前に告げられていれば、管理職に同席してもらえます。

　しかし、電話やアポイントのない来校ではそうはいきません。先生が一人で対応しなければなりません。

　そんな時は、「その場で解決しない」と心に決め、まずは保護者の話を「承る」ことに専念します。「管理職に相談してみます」を枕詞にして回答することで、慎重さを意識できるようになります。

　一人での対応が終わった後、保護者とのやり取りを管理職に報告し、今後の対応について相談をします。

◆保護者のクレームを記録に残す

　保護者のクレーム対応が終わったら、すぐに記録に残します。「後で」と思っていると忘れてしまいます。

　まずは、キーワードをメモします。いきなり文章化しようとすると、形式や内容が気になり、なかなかまとめられません。その点、キーワードなら思いついたことを書き並べるだけで済みます。

　人間の記憶力とはよくしたもので、書いているうちに「あっ、あれも言っていたな」と思い出すことができます。書くことによって、

新たな情報を引き出せます。

　次に、キーワードをもとに、箇条書きします。文章化することで時系列に物事が整理されてくるので、報告書の体をなしてきます。

　さらに、箇条書きされていることを分類してみます。たとえば、子どもの言い分と、保護者の心情、希望する対応、誤解している点、等々。分けることでその対応が練れてきます。分けることでわかる。「分解」できます。

　分解された報告書が項目立てされるということは、先生の考えが整理されるということです。

　クレームを受けた直後は感情的になっていますが、報告書を書き終える頃には、冷静さを取り戻して管理職の前に立つことができます。

➕ プラス ワンポイント！

困っていることを人に話すだけでも心が軽くなります。しかも、今後の方向性も示してくれたら、クレームの呪縛から解放され、明日に対して少しだけ明るい気持ちで臨めそうな気がしてきます。

第3章　保護者からのクレームにはこう対応する

⑩ シミュレーションをしてから対応する

返答に窮する場面では、人は負い目を感じます。自分の弱みを見せまいと、つい虚勢を張りたくなります。そうした態度が保護者の反感を買うこともあります。

◆想定していないから、善後策を考える時間がない

　もし保護者からクレームを受けそうな事態が発生していたら、その場面に備えて、シミュレーションをしておくことが大事です。

　たとえば、保護者からのクレームがあり、そのことでたびたび電話を受けていたとします。そして、また放課後、電話がかかってきて、それを受けたほかの職員から「電話ですよ」と言われたとします。

　もしも、まだ自分の中ではどう対応してよいのか結論が出ていない場合、即座にこの電話に出てしまうと、しどろもどろな回答しかできず、さらに不信を招くことになります。

　結論が出ていない時に、クレームの電話に出てしまうことは避けなければなりません。

◆すぐに答えないで、時間を確保する

　上記のように回答が用意できていない時は、すぐに電話に出るのではなく、電話を受けてくれた職員に相手が誰なのかを聞きます。

　予想通りにクレームなら、「校内にはいるが、外（体育館・校庭など）なので、戻ってきたら折り返し電話をかける」と書いたメモを渡して、一旦電話を切ってもらいます。

そして、自分の考えを整理する時間を取ります。回答を用意できたら、シミュレーションします。
　その時のポイントは子どもの行動を批判し、先生の叱責を正当化するのではなく、保護者の不満・怒りに共感することです。
　「お子さんが○○と言ったのですね。だから、親御さんは○○という思いになったのですね。そんな悲しい気持ちにさせたことをお詫びします」と感情に理解を示します。
　保護者のクレームのトーンが下がり、教師の話に耳を傾けられるようになるまで共感することに徹します。自分の言いたいことをじっと我慢するのです。
　シミュレーションをしていれば、クレームをつけられても想定内のことなので大きく動揺することもないでしょう。嫌な気分にはなりますが、余裕を持つことで我慢ができますし、その後の対応も変わってくるでしょう。

➕ プラス ワンポイント！

　保護者が来校した時には会議室や相談室に案内し、間を取り、その間にシミュレーションします。それを管理職に聞いてもらい、アドバイスを受け、同席をお願いします。

⑪「窮鼠猫を噛む」にさせないために逃げ道をつくっておく

保護者はクレームを論破されると、「このままでは引き下がれない」と新たなクレームを探し始めます。

◆完璧な反論は反発を生む

　クレームに対して、資料などをそろえて完璧な反論をしようとすると、かえって逆効果になることもあります。

　終業式の夕方、通知表の評価について、クレームの電話がありました。「何でうちの子がこんな成績なんだ。もっとよい評価をもらえるはずだ」という内容です。

　先生は自信を持って成績をつけているので、電話を受けた時から不快感を抱き、保護者のクレームを聞くほどに腹が立ってきます。

　そこで、「わかりました。ではこれまでのワークテストやノートの点数をお知らせしますのでお聞きください」と評価した項目を羅列していきます。

　保護者は黙って聞いていました。しかしその後「わが子の出来が悪いということはわかりました。でも、そんな点数しか取れないということは、先生の教え方に問題があるのではないですか」と教師の指導力に話題を転化させてきました。まさに「窮鼠猫を噛む」です。

　この後、先生は、「私の指導力不足で親御さんの期待に添えなくて申し訳ございません」と謝罪することになりました。

◆質問することで気づかせる

　事実には証拠を、と資料をもとにした先生の反論の仕方は間違っていませんが、メンツをつぶされた保護者は気が収まりません。新たなクレームを探し、自分の立場を挽回しようとします。

　ではどうすればいいのかというと、「保護者に質問をする」という方法があります。質問することで保護者に認識のずれに気づかせ、「どうしたらいいでしょうか？」と判断を委ねるのです。

　たとえば、「テストは全部で何枚あるかご存じですか？」と質問してみます。「5、6枚ですか？」としどろもどろに答えたとしたら、その言い方から、「テストを確認していないな」とわかります。

　さらに、「テスト以外に評価してあるのですが、ご存じですか？」と聞くと、保護者は沈黙です。

　回答できないことで保護者のクレームのトーンが下がってきます。そのタイミングを見計らって「お忙しいですから、確認するお時間がないですよね」と共感すると、話が落ち着く方向に変わっていきます。

　反論ではなく質問で対応することと、保護者の逃げ道をつくっておくことが、上手なクレーム対応につながります。

プラス　ワンポイント！

先生が逃げ道をつくることで、保護者のメンツは保たれます。自分を救ってくれる人だと思うので、先生に対しての怒りの感情がトーンダウンします。

⑫ クレームに対応する前に情報を集めておく

連絡帳などでクレームを受けた時は、そのことについての情報を集めてから対応すると余裕を持って臨めます。

◆言い聞かせたつもりが、強く叱られたと誤解される

　トラブルなどが起きた時、その状況を知る人の証言が必要になることもあります。

　ある日の放課後、専科の先生が「A君が危ないことをしていました。私も叱ったのですが、担任の先生がいないので学年主任からも叱ってください」と子どもを連れて来ました。

　A君は友だちとそのお母さんの3人で遊んでいたのですが、自分が苦手な鉄棒をしようと誘われました。やりたくないのでその場を去ろうとしたのですが、親子が後を追ってきたので、2階のベランダを乗り越えて隠れていたところを同僚が見つけたのです。

　一つ間違えれば落下して大けがをするところです。打ち所が悪ければ命に関わることです。

　A君は隣のクラスです。人間関係ができているわけではないので、言葉を選びながら懇々と説き諭しました。

　翌日、保護者から「夜、うなされていた。2人もの先生から、しかもきつく叱られたことが原因だ」と連絡帳にありました。

◆いくつも情報を集めておくと味方が増える

　その日、一緒にいた子どもに、「先生はどんなふうに叱っていた？」

と聞くと、「『危ないよ』って普通に言っていたよ」と答えます。さらに、一緒に遊んでいた保護者に電話をして、叱り方についてさりげなく聞いてみると、「私が余計なことをしたのが原因です」と謝罪され、「先生の口調は普通でしたよ」と叱り方の是非を確かめているとは全く思っていないようです。

　専科の先生にもクレームがあったことを伝えると、「何を言っているのでしょうね。全然きつくなかったですよ」と呆れていました。

　放課後、クレームの保護者に電話をします。「叱られたからうなされたのではなく、ベランダから落ちる夢を見たのではないですか」と喉まで出かかったのですが、グッと堪えて言い分を聞きました。

　あまりにも理不尽なことを言ってきたら、集めた情報、特にその場に立ち会っていた子どもと保護者の証言を伝えようと思っていたので、余裕を持って保護者の言い分を聞くことができましたし、クレームも大きくならずに済みました。

➕ プラス ワンポイント!

情報を提供してくれた人には、「もしもの時には名前を出してもいいですか？」と確認を取っておきます。実名は事実を明白にし、証人の数は自分の立場を守ってくれる味方を増やします。

⑬ 問い合わせやクレームは新たな発見、「改善」のチャンス

保護者からのクレームは気が重くなりますが、新たな指導方法と信頼関係が生まれるチャンスでもあります。

◆クレームにも一理あると受け入れる

　クレームは恐れたり忌み嫌ったりするだけのものではありません。クレームを真摯に受け止めることで、よりよい授業やクラス運営の改善策が見つかるかもしれないのです。

　席替えをした数日後に保護者からお願いの手紙が連絡帳にありました。

　身長順で前から３番目に並んでいる子どもの席が、列の最後になりました。さらにその子どもの前は身長順で後ろの友だちの席なので、黒板の文字が見えなくなることがあるようです。それを親に訴え、「何とかならないのか」と連絡帳に書いてきたのです。

　席替えをしたばかりで、給食の班やほかの活動もそれをもとに決め、既に動き出しています。

　また、今の座席に満足している子どももいます。再び席替えをすると、ほかの子どもから不満が出ます。

　保護者には今回は新しい座席で子どもたちの活動が始まっていることを伝え、班活動以外は席を前に移動してもよいことにし、次回からは身長順に配慮することを伝えました。

◆固定観念を覆すチャンス

　電話でのやり取りの中で、「先生は、今の席替えの方法がベストだと思っているだろうから、親の意見を受け入れてもらえるとは思ってもみなかった」と保護者は安心していました。自分がクレームを言っていると受け取られずにホッとした様子でした。

　考えてみると、身長が低い子どもが後ろの座席になるということは、目の前に身長の高い子どもたちの「壁」ができ、黒板が見づらくて困るということで、その苦労はよく理解できます。

　そこで、次回の席替えでは身長が低い子どもたちは前から３番目までの座席になるようにしました。

　座席はトランプを引いて決めています。１を引くと１番前、２は前から２番目、３は３番目です。身長の低い子どもは裏返しになっている１〜３のトランプを引きます。

　本来は一番前の座席がいいのでしょうが、そこに座りたいという子どもがいるので、３番目までと幅を広げました。

＋プラス ワンポイント！

　改善の方法を考える時は、大方の子どもが承知するようなゴールを決めます。「仕方がない」とあきらめることも大事なコミュニケーションの練習です。

⑭ 得心基準を上回る対応をする

自分が思っていた以上の対応をされると、それまでの怒りが恐縮に変わり、許したくなります。

◆引き取ってもらった時が謝罪のスタート

　クレームに来た保護者が何とか怒りを収めて、戻っていきました。
　だからといって保護者の先生に対する不信感が払拭されたのかというと、そうではありません。学校に乗りこんでクレームを言ってしまったという気まずさと自己嫌悪が相まって、先生への不満が増していくこともあります。
　一方、先生はこれで一件落着と安心し、「あの親はクレーマーだから気をつけよう」と保護者に問題があると責任転嫁することで、自分を慰めようとしがちです。
　話し合いの結果、保護者との関係を改善していかなくてはならないのに、これでは、両者の溝は埋まるどころか、深まる一方です。
　よい関係を再構築するためには、複雑な感情をいったん横に置いて、先生のほうから保護者へ働きかけていくことが肝心です。

◆一週間は謝罪し続ける

　私の爪が当たって子どもの首筋の皮がむけたことがありました。保護者に謝罪したのですが、どうも納得していないようでした。翌日に電話をして、心配をかけたことを謝罪しました。
　２日後は連絡帳に、むけた箇所に新しい皮が形成され、傷が回復

に向かっていることを書きました。

　3日後。肩を叩く以外の方法で子どもに注意を促すことを書きます。

　そして、4日後は傷が完全に治って安堵していることを書き、心配をかけたことを再度謝罪します。

　すると、5日後は保護者のほうから連絡帳にコメントがありました。

　①毎日心配してくれたことで先生の誠意を感じた。
　②今回のことはわが子が私語をしていたことが原因なので、家庭でも授業態度についてよく言って聞かせる。

　そして、「気持ちは十分にわかりましたので、お手紙は終わりにしてください」とありました。

　保護者は得心基準を上回る対応を受けると、かつての怒りは恐縮に変わり、先生への評価を変える機会となるでしょう。

プラス ワンポイント！

　クレームは一気に解決したいものですが、「得心基準」を上回る対応を少しずつ行います。それは「回数」と「日替わりの新たな謝罪内容」が保護者の心に響くからです。

15 電話でのクレームは椅子に腰掛けて対応する

クレームを冷静に聞けない一因に、「立って電話での話を聞く」ということがあります。こういう状況では、姿勢は感情を導きます。立つ姿勢は戦う感情につながります。

◆立つと身体は緊張が増すので、心も意固地になる

　私が保護者からのクレームの電話を受けた時のことです。放課後、「お電話です」という校内放送があり、すぐに職員室に向かい、保留ボタンを解除しました。

　「やはりクレームか……」と暗い気持ちになりつつも保護者の話を聞くように努めていました。しかし、自分に非があってもそれを責められるとだんだん腹が立ってきたのです。

　私はついに、冷静さを失い、声を荒らげてしまいました。あまりの剣幕に職員室で仕事をしていた同僚が、顔を上げました。

　電話を切った後、どうしてあんな大人げない対応をしてしまったのだろうと恥ずかしくなってしまいました。

◆立つと怒りは込み上げてくる、 だから、座って「下げる」

　職員室には電話用の椅子が用意されていないので、先生は立ったままで受話器を取ることになっていました。

　でも、その姿勢（立つ）が怒りを覚える原因でもあるのです。人は興奮すると立ち上がります。お笑い番組で芸人さんが相方をいじる時は、立ち上がって、指さします。相方も立ち上がって応戦し始

めます。

　立ったまま保護者のクレームを聞いている先生は膝が震え、拳を握りしめ、肩が上がってきます。胸はむかつき、心臓の鼓動は激しくなります。顔は圧し口、目は吊り上がり、怒り心頭に発します。怒りが足元から徐々に上がってきます。

　一方、座って電話を受けるとどうでしょう。受話器を取る前に椅子を用意します。深く腰掛け、背中をつけてから、「ハイ、○○です」と答えます。ゆったりと座るとゆったりとした気持ちになるでしょう。

　幼児が駄々をこねると親はしゃがんで宥めます。子どもは「上」、親は「下」になります。先生が椅子に座ることによって、受話器が「上」、先生は「下」になるので、余裕が持てるようになります。

　人は感情をコントロールする時、感情で対応しても思うようにいきませんが、行動を変える、この場合は、座って「下げる」ことでうまく対応できるようになります。

> **プラス　ワンポイント！**
>
> 　パイプ椅子に座ると固定されてしまうので、気持ちも固まってしまいます。お勧めはオフィスチェアです。椅子が回転することで身体の緊張が解け、心を楽にしながら話せます。

COLUMN

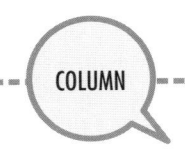

保護者の気持ちを理解する…❸
放課後、子どもが忘れた上履きを洗う

　週末は上履きを持ち帰る決まりなのですが、数足残っています。持ち帰ったことを確認したつもりでしたが、見逃したようです。

　こういう時のために洗剤と靴洗い用のブラシを教室に常備してあります。早速、持ち帰り忘れた子どもの上履きを洗っていると、通りかかった同僚が、「何をしているのですか？」と怪訝な面持ちでのぞきこみます。「子どもの上履きを洗っているんだよ。児童用玄関で上履きを持ち帰ったかどうかを確認したんだけどね」と笑って答えます。

　子どもの上履きは小さくてかわいいものです。洗っていると愛おしくなります。保護者が書いてくれた名前を見ると、親の愛情を感じます。

　洗い終わると、窓辺に干します。室内とはいえ、金・土・日曜と3日もあれば乾きます。

　次に、「上履きは洗って、教室の窓辺に干してあります」というメモを靴箱に置いてきます。子どもが登校した時、靴箱に上履きがないと心配するからです。

　月曜日、件の子どもはちょっと恥ずかしそうにお礼を言いに来ます。翌日の連絡帳には保護者から恐縮した丁重なお礼の手紙をいただきました。

　週末、別の子どもの上履きが残っています。それを手にした時、保護者と一緒に上履きを取りに来た子どもがいます。忘れたことに気づいた保護者が「先生に上履きを洗わせたら申し訳ない」と慌てて家を出てきたそうです。

第4章 わが子にとってこんな先生でいてほしい

学校はわが子を成長させてくれる場所だと保護者は期待しています。その期待はいくつもあります。保護者はその全てを先生に叶えてほしいと願っています。

保護者との関係を築くために、その気持ちを理解すること。それには、子どもへの行き届いた指導こそが、一番の近道になります。

❶ 先生には時間を守ってほしい

わが子が、「行ってきます」と元気よく登校し、決まった時間に「ただいま」と明るく元気な声で帰宅することは、保護者にとって当たり前のことです。

◆学校は時間で動いているから安心

　親は子どもが学校にいる間、安心して任せています。なぜ安心していられるのでしょうか。それは、学校は時間で動いているからです。タイムテーブルを把握しているから安心できるのです。ですから、タイムテーブル通りに子どもを家に帰すことは重要です。

　よく、何かの用件で子どもを残して、そのことを保護者に連絡しないでいる先生がいますが、これは注意したほうがよいでしょう。

　帰宅時刻を過ぎても子どもが帰ってこないとしたら、保護者は不安になります。電話をしてくる保護者もいます。たとえば、そうした時に、保護者の不安に気づかずに、「○○君は図工の作品が終わらないので、残ってやっていますよ」などとそっけなく対応してしまうと、それだけで保護者は怒ってしまうこともあるのです。

　保護者は、「わが子が事故や事件に巻き込まれているのでは」という不安、親心から学校に電話をしたのです。それなのに、先生が保護者のその不安に気づかず、事務的に対応してしまうと、保護者は怒りを覚えます。

　どんな素晴らしい教育活動でも保護者の不満を買うと、それは「不適切な行為」となります。

◆予定が変更になったらすぐに連絡する

　こういう場合、担任は事前に保護者に電話で「遅くなる」という承諾を得ておきましょう。電話で承諾をもらって、居残り終了時刻を伝えておけば、保護者はわが子が何時に帰宅するのかを確認できるので、安心して待っていられます。

　居残り終了時刻になったら、担任は正門まで子どもを見送り、確かに下校したことを確認します。急いで職員室に戻り、子どもが帰宅する前に、「○○時○○分に正門を出ました」と保護者に電話をしましょう。

　いつもより遅い帰宅時間になっても、保護者は先生からの電話があれば、わが子の帰宅を安心して待つことができます。

プラス ワンポイント！

連絡がつかなかった子どもは、通常の下校をさせます。その際、連絡帳には、「明日は居残りをさせたい」と伝えます。それを見た保護者は、「明日はお願いします」と丁寧な返事を書いてくるでしょう。

❷ 先生には子ども心を理解してほしい

「子ども心」を理解できる先生は、保護者からも「子どもの気持ちを尊重してくれている」と信頼を寄せられます。

◆子どもの気持ちを代弁しつつ、リクエストするとうまくいく

　保護者は、先生が子どもの心をわかってくれつつ、うまく指導してくれることを望んでいます。子どもの心をわかるというのは難しいことですが、実は簡単な方法があります。

　それは、子どもが受け入れにくいことを言わなければならない時には、先に、子どもの気持ちを代弁してあげるとよい、ということです。

　たとえば、毎朝リレーを行っている学校で、雨上がりの日、校庭が水浸しなのに、子どもたちは「水溜まりを飛び越えたら走れるよ」「水溜まりを避けて走れば大丈夫だよ」と走る気満々だったとします。先生がトラックを確認し、もしも、「今朝は無理。中止にしよう。服が汚れるからね」と正論だけで止めてしまうと、子どもたちは「先生のわからず屋」と思ってしまいます。先生に不満を持ち始めてしまいます。

　こうした時、先生は子どもたちに、「今朝は無理。中止」と正論を伝えるのではなく、「残念。せっかく朝早く登校したのだからリレーをやりたいよね」と子どもの気持ちを代弁します。子どもの不満が出る前に共感の声かけをするのです。

すると、子どもたちは自分が言いたかった台詞を先に言われるので、不満を漏らしたり募らせたりする機会を逸します。そして、「先生も同じ気持ちなのか」とあきらめる準備を始めます。

◆同じ目線で見てもらえると、あきらめの準備を始められる

　感情が高ぶっていると、子どもは正論（人の話）が心に入りません。我慢しろ、あきらめろと大人の対応をしても子どもは納得しません。

　そんな時、先生は子ども心を推測し、それを言葉にします。その時に、地団太を踏んだり、拳を握りしめたりと残念さを行動で表わすと、よりよく伝わります。

　子どもたちが納得したら、先生はご褒美として、「トラックはダメだけと、直線なら大丈夫だよ。折り返しリレーに変更する？」と代案を出します。子どもたちは大喜びで踵を返して、校庭に戻っていきます。

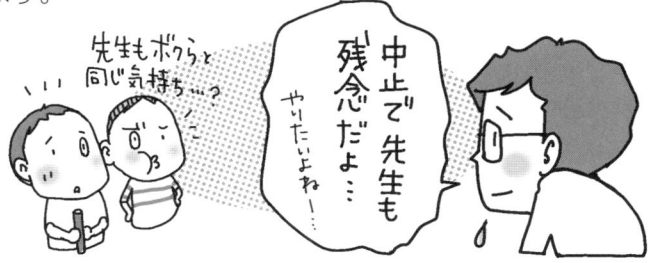

プラス ワンポイント！

　子ども心を理解するには、子どもより冷静になる必要があります。興奮している時ほど冷静さを心がけ、間を置いてゆっくりと優しい声で子どもと話します。

③ 先生にはわが子を温かく見守ってほしい

家庭で子どもがうれしそうに先生の話をしていると、保護者は「よく見てもらっている」と安心・満足できます。

◆子どもの言葉から安心・満足できる

保護者は、わが子に対して先生が目をかけてくれていると思うと、安心し、満足します。

「昨日よりも上手になったんだって」「僕だけ特別なんだよ」「私だけの先生なんだよ」という言葉をわが子から聞けたら「ちゃんとやっているんだ」と安心でき、「先生はわが子に真剣に目を向けてくれている」と満足するのです。

◆聞いてほしい時にしっかりと話を聞く

ある子どもの連絡帳に、「『先生は話を聞いてくれるんだよ』と嬉々として話します。親としてはちょっと羨ましくなります（笑）」と書いてありました。

後日、個人面談でそのことが話題になりました。

その保護者は、

「私はちゃんと話を聞いていないのですね。話を聞いてもすぐに『こうすれば』と、つい言ってしまうのですよ」

と言います。

さらに、「先生は仕事をしていたら、『あと10秒待って』と言って『10』数える前に仕事をやめて、私の方を向いてくれるんだよ。

そして、『そうか、そうなんだ』って話を聞いてくれるんだよ」とも。
　まるで保護者もその場にいたかのように、子どもとの会話を再現してくれました。子どもの熱弁が目に浮かびます。
　担任と子どものやり取りを聞いていた保護者は担任の対応に満足するとともに、自分の「聞き方」を振り返る機会になったようです。
　担任の都合で話しかけても、子どもはそれが「会話」であるとは思いません。子どもが話したい時にしっかりと傾聴すれば、子どもは満足するのです。

プラス ワンポイント！

「さあ、これからはAちゃんだけの先生だよ」を枕詞にして話します。途中で友だちが口をはさんできたら、「ごめんね。今はAちゃんだけの先生なんだ」と制するとさらに満足します。

④ いじめが起こらないでほしい

いじめはまず何より予防が大事です。そして、先手先手で保護者に上手に状況を知らせていくようにしましょう。

◆悪気がないから「悪い」

　保護者はいじめがないことを願っています。また、いじめがあった場合には、すみやかに教えてもらえることを願っています。こうした保護者の気持ちに応えるような指導をするにはどうしたらいいでしょうか。

　子どもは見たまま、感じたままをすぐ口にします。それが原因になって「いじめられた」という訴えが起こることがあります。

　たとえば、あるクラスで、子どもが自分よりも身長が低い友だちに、「チビ」と口にしてしまい、言われた子どもが「いじめられた」と訴えてきたという事件が起こったことがあります。

　この時の先生は、2人の子に話を聞き、片方が悪気がなく言ってしまったことを確認し、2人の間に起こった出来事を把握して、クラスのみんなに「うわべだけで人を評価するのはよくない」ことを伝えました。

◆トラブルを教訓としていじめ予防

　さらに、先生は2人の子どもの家庭に事の経過を電話した後に、次のことを付け加えました。

　「チビ」と言った子どもの保護者には、「相手の気持ちになること

がよりよい人間関係づくりになることを理解してくれた。それをほかの子どもたちも知ることができた」と感謝しました。

「チビ」と言われた子どもの保護者には、「自分のことを受け入れ、ありのままの自分に自信を持っている。今回はちゃんと先生にも話してくれて、最後に相手を黙らせる賢さと「折れない心」を持っている。仮にこれから困難に出合ってもめげずに立ち向かっていけるでしょう」と賞賛しました。

小さなトラブルを見逃さず、クラスの問題として考えて対応する先生の姿勢に、当事者となった2人の保護者も「子ども同士にトラブルがあっても両者が傷つかずにうまく解決してくれた」と安心されていました。子どもをほめながら、何が起こったかという状況を伝えていくという方法は、とても有効だと思いました。

プラス ワンポイント！

保護者に誤解せずに先生の対応を理解してもらうには、わが子やほかの保護者から知らされる前に連絡をすることです。これが後手に回ると先入観を持って先生の電話を受けることになります。スピードが肝心です。

❺ 友だちと仲良く過ごしてほしい

親が心配するから、子どもは不安になるのです。
一人でいることを好んでも心配しなくてもいいと
伝えて安心してもらいます。

◆一人でいるのが心配、みんなと遊んでほしい

　休み時間になると教室で読書をしている子どもがいます。ポツンと一人で本を読んでいる姿は淋しい感じがします。

　わが子が休み時間中に友だちと遊ばず、本を読んでいると聞くと、多くの保護者は「どうしてみんなと遊ばないのでしょうね」と心配します。

　こんな時には、子どもが孤立しているのか、それとも本当に自分が好きで読書をしているのかを見極め、もしも子ども自身が本当に読書を楽しんでいる様子であれば、保護者にそれを伝えて安心してもらいましょう。

◆孤独を楽しめる子どもは協調性がある

　「孤独」と「孤立」は異なります。

　休み時間に一人で本を読んでいる状態は孤独です。しかし、本人が楽しんでいるのであれば、一人でいることを自らが求め、その時間を有意義に過ごしているといえます。孤独を求める子どもは生きる力が旺盛である、ともいえます。

　孤独を楽しめる子どもは自分を大事にできるので、心に余裕があります。自分に自信があるのです。友だちの意見に理解を示しなが

ら、自己主張することができます。

　それに対して、孤立は「浮いている」状態です。自分に自信がないので友だちと一緒にいたいのです。友だちに依存し続けることで安心を得るのです。孤立している子どもは自分に自信がないので、友だちを信じることができません。みんなと一緒でも心はひとりぼっちなので不安定になります。

　孤立している子は、端から見ると友だちと一緒にいることが多いので、「心配ない」と思われがちですが、むしろ一人でいないことのほうが心配なのです。

　保護者は孤立と孤独の区別がつきません。わが子が一人でいると、「集団に溶けこもうとしないのかな」「仲間外れにされているのかな」と心配になります。

　担任は孤独と孤立の違いを説明し、「大丈夫ですよ」と安心してもらいましょう。

➕ プラス ワンポイント！

「読書をするから、みんなと一緒に遊んでいても友だちの気持ちがわかるんですよね」と孤独が協調につながっていることを保護者に伝えます。

⑥ 先生には特定の子だけを贔屓しないでほしい

保護者は子どものことをわがことのように感じます。クラスの中で贔屓があると、子どもよりも敏感に反応します。

◆わが子にも目をかけてほしいという不満を覚える

　先生はどの子に対しても平等に接していると思っているものです。しかし、実は子どものほうはそう受け止めていません。

　ですから、問題のある子に注意するようなことが続くと、「ぼくは叱られてばかりだけど、A君はいつもほめられている」と家庭で愚痴をこぼします。

　それを聞いた保護者は、「うちの子は先生と相性が悪い」と思いこみ、「なぜうちの子はそんな目に遭わねばならないのか」と不満に思います。

　たとえ、最初はわが子が先生に注意されていることを心配していた保護者でも、それがだんだん「不満」に変わっていきます。人は往々にして注意されると謙虚になるのではなく、反発したくなるものなのです。

　とくに問題行動を起こす子どもの親ほど、「わが子は先生に目をかけてもらっていない。だから、もっと目を向けてほしい」と思っているものです。

◆贔屓されているという「自分だけ感」を与える

　こうした不満を持たれないためには、どうすればいいでしょうか。

その解決策は、誰も贔屓しないのではなく、全ての子どもを贔屓することです。そうすれば「あの子だけ」という不満は出なくなります。得意なことを認め、望んでいることを全員にしてあげます。そういう場面を保障すれば、「あの子だけずるい」という不満ではなく、「次は自分の番だ」と待つことができ、「自分もしてもらった」と満足できます。

　全員を特別扱いする。そうすれば、全ての子どもが「自分は贔屓してもらっている」とうれしく思うのです。

　子どもが「贔屓された」と感じるのは、どんな時でしょう。それは、「自分だけが特別なんだ」と感じた時です。

　そのためには、まず子どもの名前を何回も呼びましょう。「Ａ君、……」と名前を呼んで話しかけます。名前を呼ぶ回数が多ければ多いほど、贔屓されているという思いが積み重なりますし、先生への親近感もわきます。名前を呼んで、共に喜び、共に悲しむ。失敗した時は、励ますよりもその過程のがんばりを認めてもらえる。そんなつながりを大切にしましょう。

　保護者と直接話す時も、なるべくその子のよさを伝えてあげると、「先生はわが子のことをよく見てくれている。しかも、小まめに連絡をしてくれる丁寧な先生」と満足してくれます。

プラス ワンポイント！

「贔屓」をしたら、児童名簿にチェックをして平等に「贔屓」をしているかどうかの漏れ落ちをなくします。その際、その内容を簡単にメモしておいて忘れないようにしましょう。

❼ 学校での学習の様子が見えるようにしてほしい

子どもが家庭で授業の話をするのは稀です。でも授業が楽しければ話題にしますし、保護者も楽しく勉強していると安心します。

◆学校での授業の話をしない……

　保護者は子どもが学校でどのような学習をしているのか関心を持っています。ただ、子どもたちは授業で楽しかったとしても、そのことを家庭で話題にしてくれません。体育や図工でおもしろかったことは話すかもしれませんが、算数・国語・理科・社会などの授業のことを自分から話題にすることは少ないものです。

◆連絡帳を活用しよう

　私は「学級通信」を毎日書いて、保護者に届けています。その日の授業中の様子、トピックを書いているので、私がどんな授業をしているか、保護者はよくわかってくれています。ですから、連絡帳にもいろんなご意見を寄せてくれます。

　「学級通信を毎日発行することは難しいな」という先生でしたら、連絡帳を活用していただければと思います。連絡帳には明日の準備や宿題などを書きますが、そこに先生のメッセージもプラスするのです。「今日は詩の暗唱にA君がチャレンジしました。君は何番目にチャレンジできるかな？」というようなものでもいいでしょう。

　保護者はそれを読んで、「今、詩の暗唱をしているのね。チャレンジしてみる？」という会話になるかもしれません。

授業内容を伝える学級通信の例

Wonder・full　4年1組　11月25日　123

◆船橋に住んでいると、千葉県は農業や漁業が盛んと言われてもピンとこないのではないでしょうか。実際、クラスの保護者でそれらに従事している方は一人もいません。ところが、農業産出額は全国3位、漁獲量は4位です。

　社会科は千葉県の漁業について勉強しました。資料を見ると、銚子沖で親潮（寒流）と黒潮（暖流）がぶつかります。寒流に乗ってくる魚と暖流に乗ってくる魚が銚子沖に集まり、一網打尽にできるので漁獲量が高くなることに気づきます。

　「それも正解なのだけど、どうしてそこに魚が集まるのでしょう。魚が留まっているのでしょう」と聞くと、思案します。残念ながらこの解は資料や教科書にはありません。

　それでも、間違いを恐れずにAちゃんが、「寒流の餌と暖流の餌が混じり、魚の餌が豊富になる。そこに魚が集まるから」と言います。その通りです。

　理科の実験で水を温めると水面の温度が高くなり、下は冷たいということを実証済みです。寒流の餌であるプランクトンは海の下、暖流のそれは上を流れて、混ざり合い、散らばります。それを目当てに魚が集まるのです。

　それにしてもAちゃんの発想は素晴らしいものがあります。

❽ できればテストでは満点を取らせてほしい

満点を取るにはやる気が必要です。先生は、「満点を取れるかも」と子どもがやる気になる仕掛けをすることが大切です。

◆テストの結果を努力の賜物にするために

　先生は通常、学習の到達度を確かめるためにテストをします。ところが、テストをすることで自信を失い、やる気をなくしてしまう子もいます。

　到達度を確かめるためだけのテストの場合、返却されたテストを見て、「ヤッター」と小躍りする子どももいれば、がっくりと肩を落とす子どももいます。

　先生は、「テストの予告はしてあるので、それに備えて勉強をしていたら満足できる点数を取れたでしょう。反対に、勉強をしなかった人は残念な点数だったと思います」と、がんばりに応じたコメントをして終わりにしてしまいがちですが、それだけでは、肩を落とした子どもはやる気を失っていくだけになります。

　テストによって、自信とやる気を出すためにはどうすればいいでしょうか。

◆先生の意図を反映する課題の出し方

　先生は、子どもたちに満点を取ってほしいと願いながらテストをしているでしょう。しかし、そう願っているだけでは満点を取ってはくれません。テストの前に仕掛けが必要です。

よく、学期のまとめとして「漢字50問テスト」などがあります。

このような時に仕掛けをします。それは、子どもたちに事前に解答を配布しておく、というものです。そんなことをしたら、テストにならないという批判があるでしょう。でも、漢字は覚えることが大事です。この場合は、到達度を確かめるのではなく、覚えるきっかけとしてテストがあると解釈します。

保護者にも意図を伝えて、家庭で「先生はみんなに満点を取ってほしいから解答を配っているんでしょう？　だったら、先生の期待に応えるためにも練習しようね」と子どものやる気を促してもらいます。テストは週末をはさんだ一週間後に行います。こうすると、練習時間を十分に取れます。テストは10問ずつ小分けにします。50問だと「多い」と負担になりますが、10問なら「少ない」と気が楽になります。問題数の多少で子どもたちのやる気が違ってきます。

それに、50問では1問につき2、3回の練習になりがちですが、10問なら覚えるまで何回も練習しようという気になります。

本番までに数回の事前テストをすれば、満点の自信がある子は「先生、早くテストをしよう。楽しみなんだ」とテストを催促することもあるくらいです。

プラス ワンポイント!

満点を取ったら、「おめでとう」「素晴らしい」「GOOD」などと書き添えます。自分の努力が実った喜びに担任のほめ言葉が加わるので二重の喜びとなります。

⑨ 先生にはマナー、ルールを教えてほしい

先生に教わった所作が家庭でも出ます。よい所作を見ると、保護者はわが子の丁寧さに驚き、先生の指導に感謝します。

◆「わが子がマナー違反するのは先生が悪いから」

保護者は、「学校で子どもにマナーやルールを教えてほしい」と思っています。

ですから、マナーやルールを守ることができない子の保護者にうっかり「こういうマナーを守れるようにしてほしい」などと言うと、「先生がやるべき仕事なのに」と不満を持たれることが往々にして生じます。

また、わが子がいつまでもマナーを身に付けられないと、「先生がしっかりしていないからだ」と思われるものです。

◆学校で繰り返し行うと、家庭では習慣化される

ですから、基本的なマナーを子どもに身に付けさせるためのワザが教師には必要になります。とくに挨拶をきちんとできるように指導することが大事です。

挨拶の指導にはコツがあります。

丁寧に挨拶できるように、動作のタイミングを教えることです。ポイントは、「分ける」「ゆっくり」「止まる」の3つです。

挨拶がいい加減に見える子どもは、ちゃんと頭を下げていなかったり、会釈しながらあらぬ方向を見ていたりするものです。

そのため、動作をしっかり分けさせましょう。まず、挨拶の言葉を声にします。次に、「しっかり頭を下げて」「上げる」という動作を行います。発声と動作の一つひとつをしっかり「分ける」ことできちんとした挨拶に見えるようになります。

　次に、動作はゆっくりと行います。しかし「ゆっくり」は、実は難しいのです。たとえば、自転車もゆっくりとこぐとバランスを崩しますが、スピードを上げるとまっすぐに進めます。速さはボロを隠しますが、ゆっくりはそれなりの技量が伴わないとできません。

　最後は、「止まる」です。止まることによって、次の行動への「間」になります。「間」を取ることで心が落ち着き、丁寧さにつながります。

　先生は子どもが頭を下げる時は、「ゆっく〜り」、動きを止める時は、「とま〜る」と声に出して、拍子を取ります。

　学校でできるようになると、それ以外の場でも同じように挨拶ができます。わが子の丁寧な所作に保護者は美しさを感じます。そして、「そんなことまで学校で教えてくれるんだ」と先生の指導を信頼するようになるでしょう。

プラス ワンポイント！

　子どもは自分の所作を自分で見ることはできません。それを映像や写真に撮り、子どもに見せます。こうして「見える化」することで自分のよさがわかり、それを維持しようと思ってくれるでしょう。

⑩「すごいんだよ」と子どもが自慢できる先生

家庭で「先生のことが好きなんだ」と先生を自慢するわが子の姿を、保護者はうれしく思い、安心するでしょう。

◆先生自慢は「自分自慢」

　私の学校には、朝教室でフルートの練習をしている先生がいらっしゃいます。クラスの子どもたちの憧れの的です。素敵な音楽を奏でてくれる先生が担任でうれしそうです。

　自分の担任の先生を慕っている子どもは、「先生はすごいんだよ」と保護者に自慢したくなるようです。そんなわが子の姿に、保護者も「先生のことが好きなんだな」と安心するでしょう。

　子どもの「先生自慢」は、「自分自慢」のようなものです。その先生を慕っている子は、ちょっとしたことでも「先生はすごい」と思って、それがうれしくなるのです。

◆子どもの前で何でもやってみせる

　「私には何の特技もありません」という先生もいらっしゃるかもしれませんが、さほどハードルの高いことではありません。

　フルートでなくてもリコーダーでもいいですし、連続逆上がり、なわとびでも構いません。

　先生方は、等身大のご自分では子どもからすごいとは思われないだろう、と思っています。ですがそんなことはありません。子どもは自分たちにできないことが大人には少しでもできるというだけ

で、意外に素直に感動するのです。ですから躊躇せずに、何でも子どもの前でやってみせるとよいでしょう。

　ある日、私が教室でパソコンを使って文章を入力していた時、「先生、速い」「魔法みたい。ディスプレーに文字が出てくる」と子どもが感心していました。

　「ありがとう。みんなも大人になったら速く打てるようになるよ」と子どもの顔を見ながらお礼を言いました。

　「どうしたら先生みたいにタイピングができるようになれるの？」と聞いてくるので、もったいぶって「ヒ・ミ・ツ」と答えました。「教えてよ。お願い」「どうしようかな～」と、子どもたちとの会話を楽しみました。

　こんな些細なことでも、先生がやってみせることが、子どもとの対話につながり、信頼関係の土台になるのです。

プラス ワンポイント！

先生は何でも知っている、何でもできるという尊敬、いつでも話を聞いてくれるという信頼感が「すごい」という自慢に凝縮されています。保護者はそれを聞いて安心できます。

⓫ 普段優しいから、叱られても受け入れられる

普段は優しい先生が叱ると子どもは「おっかない」と襟を正します。優しさと厳しさのギャップがあるからこそ、子どもの心に響くのです。

◆叱ってばかりでは慣れが生じて意に介さなくなる

「毎日同じ子どもを叱っているのですが、一向によくならないのですよ。平気な顔をしているのが癪に障って仕方がないのですが、子どもは私に叱られるのを期待しているかのようなんです」と愚痴る先生がいました。

まさに、その先生が気づかれている通りです。ほめることも叱ることも子どもにとっては注目されている、認められていることなのです。子どもは自分に目を向けてもらうために叱られるようなことを無意識のうちに選択しているのです。その結果、叱られても意に介さなくなるのです。

◆サンドイッチ言葉だから優しく感じる

ではどんな叱り方をすれば、行動を改善するのでしょうか。

借りた消しゴムを投げ返した子どもがいました。その場面を見ていた先生は「投げない。手渡す」と咄嗟に注意をしました。その声を聞いた子どもは一瞬身体をビクッとさせ、「ごめんない」と謝りました。

その子がすぐに謝ることができたのは、日頃から先生が子どもの望むことをやってあげていたからです。そんな先生を悲しませては

いけないという健気な心から出た言葉です。

　この後、先生は感情的になることなく、優しく対応しました。

　まずは「いつもは手渡しをするのにね」と普段をほめます。自分を認めてくれる人の言葉はうれしいものです。そして、その後に続く言葉を受け入れる準備ができます。

　次に、「でも、投げるなんて珍しいね」とソフトに叱り、「ダメ」「何で投げるんだ」という否定ではなく、「珍しい」という肯定的な言葉で叱りました。

　最後は、「でも、投げたことを後悔している顔が立派」と反省している様子をほめました。

　こうして、「ほめる→ソフトに叱る→ほめる」というサンドイッチ言葉で指導すると子どもは叱られたというよりも、期待されているから次はもうやらないという気になれます。

プラス ワンポイント！

叱る際は「君はわかってくれるよね」などを枕言葉にして先生が期待していることを伝えます。子どもは思わず「ハイ」と答え、「自分のために叱ってくれている」と先生の言葉を受け入れようとします。

COLUMN

保護者の気持ちを理解する…❹
本当は保護者も ほめてもらいたいと思っている

　子どもは登校すると連絡帳を教卓に提出することになっています。そこにいつも5、6人の保護者からの連絡があるからです。
　その日もそうでした。いつもは読みながら返事を考えるのですが、しばし連絡帳に見とれてしまいました。あまりにも文面の文字が綺麗だったからです。
　我に返り、「拝読しました。……」と返事を書いた後、「ところで、綺麗な文字をお書きになりますね。習字をされているのですか？　私の習字の先生は、『書は心なり』とおっしゃっています。Aさんの文面からお人柄がうかがわれますね。朝から素敵な文字を拝見して、一日の活力をいただきました。ありがとうございます」と付け加えました。
　翌日、いつものように連絡帳を確認しているとA君の連絡帳には「学生時代に習っていました」と予想した返事以外に、
　「大人になるとほめられることがなくなりますが、ほめてもらえるってうれしいですね。しかも、先生という敬意を表する方にほめてもらい一層のうれしさです。ありがとうございます。
　大人でもこんなにうれしいのですから、子どもはもっとそうなのでしょうね。私も先生のように子どものよさを見つけるようにします」
とありました。

　ほめようなどとそんな尊大なことは思わず、綺麗な文字だから「綺麗」と素直に書いただけなのです。そんな一言でも保護者を勇気づけるものなのですね。

あとがき

　最後までご笑覧くださりありがとうございます。
　「これならやってみたい」と思い、保護者とにこやかに会話している場面を想像していただけたでしょうか。

　学校の廊下を歩いていると「城ヶ﨑先生」と声をかけられることがあります。振り返ると急ぎ足で保護者が駆け寄ってきます。
　放課後、正門の前を通り過ぎたバイクがUターンしてきます。卒業生の保護者です。「やっと会えました。正門の前を通るたびに『先生がいるかな』って学校を見ていたんですよ」とヘルメットを取りながらバイクのスタンドを立てます。
　どちらも私の存在に気づかないふりもできるのですが、わざわざ声をかけてくれます。
　もちろん、私のほうが先に気づいたら、話しかけたり、手を振ったりしています。

　とはいえ、保護者と良好な関係を築けない時もあります。そんな時でも、「城ヶ﨑先生は悪くない」と励ましてくれたり、「先生が左遷されるようなことがあったら署名活動して、先生の名誉を回復しますよ」と応援してもらったりしたことがあります。
　「どうしてそこまでしてくれるのですか」と聞くと、「先生はそんなことをする人ではない。わが子から聞く話や今までの先生を見ていたらわかる」と普段の私を評価してくださっていたことがわかります。

起こってしまったことをどうするかは一時しのぎの関わり方です。そうではなく、普段からどう過ごすかという継続した関わり方が大事なのです。
　本書に紹介したことをとにかくやってみてください。私の同僚は、「城ヶ﨑先生の言うとおりにするとうまくいく。先生のアドバイスはいつも『アタリ』です」と笑っています。読者のみなさんにも本書がお役に立てば何よりです。

　最後に、学陽書房さんからは３冊目の単著です。１冊目から「ぶつからない・戦わない」に注目してくださり、本書を企画してくださった後藤優幸氏、発刊への道筋をつくってくださり、完成まで見守ってくださった山本聡子氏、適宜アドバイスをくださった林口ユキ氏、素敵なイラストで紹介した内容を印象づけてくださった尾代ゆうこ氏に感謝申し上げます。
　４人の方々のご尽力のおかげで保護者への関わり方について提案することができました。
　この場を借りて御礼申し上げます。

2016年3月

城ヶ﨑 滋雄

●著者紹介

城ヶ﨑 滋雄（じょうがさき しげお）

　鹿児島県生まれ。
　大学を卒業後、千葉県公立小学校教諭となる。
　20歳代では、教育委員会に出向し、社会教育に携わる。
　30歳代では、不登校対策教員として不登校についての研鑽を積む。
　40歳代では、荒れたクラスの立て直しに努める。
　50歳代では、子育て経験をいかして家庭教育にも活動を広げ、学級担任として現在も教壇に立つ。

　現在も現役の小学校教師として連載が10年を超える教育情報誌『OF（オフ）』や子育て情報誌『Popyf（ポピーエフ）』（ともに新学社）を通して、若い先生や保護者にアドバイス・情報発信を行っている。

　著書に『クラスがみるみる落ち着く教師のすごい指導法！─荒れを克服する50の実践─』『子どもと「ぶつからない」「戦わない」指導法！』（学陽書房）、『クラス全員の思いをガッチリ「受け止める」対応術』『「陸上競技」もの識り大百科』（明治図書）。
　共著に『○×イラストでわかる！トップ1割の教師が知っている「できるクラス」の育て方』『誰でも成功する先生も楽しい学級づくり』（学陽書房）、『THE 学級マネジメント（「THE 教師力」シリーズ）』（明治図書）など。

ブログ：「城ヶ崎滋雄の"After You"」
http://jougasaki.blog.fc2.com/

保護者と
「ぶつからない」「味方をつくる」
対応術！

2016年3月9日 初版印刷
2016年3月16日 初版発行

著　者	城ヶ﨑滋雄（じょうがさきしげお）
発行者	佐久間重嘉
発行所	学陽書房

〒102-0072　東京都千代田区飯田橋1-9-3
営業部　　　　TEL 03-3261-1111　FAX 03-5211-3300
編集部　　　　TEL 03-3261-1112
　　　　　　　振替口座　00170-4-84240

ブックデザイン／佐藤博　イラスト／尾代ゆうこ
DTP制作／岸博久（メルシング）　印刷・製本／三省堂印刷

© Jougasaki Shigeo 2016, Printed in Japan　ISBN 978-4-313-65312-2 C0037
乱丁・落丁本は、送料小社負担にてお取替えいたします。